无人机作战效能评估

王晓光　杜　军　刘树光　雷晓犇　著

西北工业大学出版社

西　安

【内容简介】 无人机在现代战争中的大量应用带来了无人机作战效能评估需求。本书以无人机的作战效能评估为主线,着重突出无人机的作战过程分析和经典效能评估方法在无人机作战中的改进与运用。本书根据不同作战任务中的特点,从不同的分析角度出发,分别以作战仿真法、Lanchester 方程法、对数法以及灰色系统理论法等,对无人机的作战效能展开评估,为提高无人机作战效能评估方法的合理性、精确性和可用性提供了新的研究思路。

本书适合航空类院校教师和研究生阅读,也可供相关领域的科技工作者参考。

图书在版编目(CIP)数据

无人机作战效能评估 / 王晓光等著. —— 西安:西北工业大学出版社,2021.1(2023.11 重印)
ISBN 978-7-5612-7500-9

Ⅰ. ①无⋯ Ⅱ. ①王⋯ Ⅲ. ①无人驾驶飞机-作战-研究 Ⅳ. ①E844

中国版本图书馆 CIP 数据核字(2021)第 040320 号

WURENJI ZUOZHAN XIAONENG PINGGU
无 人 机 作 战 效 能 评 估

责任编辑:卢颖慧	策划编辑:张 晖
责任校对:王梦妮	装帧设计:李 飞

出版发行:西北工业大学出版社
通信地址:西安市友谊西路 127 号　　邮编:710072
电　　话:(029)88491757,88493844
网　　址:www.nwpup.com
印 刷 者:兴平市博闻印务有限公司
开　　本:710 mm×1 020 mm　　1/16
印　　张:9.625
字　　数:199 千字
版　　次:2021 年 1 月第 1 版　　2023 年 11 月第 2 次印刷
定　　价:48.00 元

如有印装问题请与出版社联系调换

前　言

随着航空和人工智能科学技术的快速发展,无人机相关技术也日趋成熟,越来越多的无人机被应用到军事领域。从最开始的靶机和侦察、探测等辅助作战手段到现在的对地攻击、反辐射攻击等直接作战任务,无人机正在逐步向具有攻击力和杀伤力的方向转变,其在现代战争中的地位日益提高。由于无人机具有不怕伤亡、能够适应恶劣环境等有人机不具备的优点,所以可以预见在不久的将来,无人机将逐步参与到更多的直接作战任务,成为现代战争中不可或缺的一股空中打击力量。因此,对无人机的作战效能进行评估势在必行。

本书的特色和重点在于无人机的作战过程分析和作战效能建模方法的运用,具体是以无人作战飞机为研究对象,根据无人机在不同作战任务中的特点和不同的研究目的,分别以作战仿真法、Lanchester方程法、对数法以及灰色系统理论法等来对无人机的作战效能进行分析。

本书共分七章,第一章介绍无人机的军事应用和作战效能评估方法综述;第二章分析无人机超视距空战的作战模式,并给出其效能评估方法;第三章到第五章分析无人机在诱饵干扰之下的作战模式和对应的效能评估方法;第六章介绍基于改进对数法的无人作战航空综合体效费分析方法;第七章介绍基于灰色系统理论的无人机作战效能分析。各章之间既有一定的连贯性又相对独立,读者可根据需要自行选用所需内容。

本书是集体智慧的结晶。王晓光从整体上构建全书的思路、框架和主题内容,并负责第一、二、四章内容撰写工作;杜军负责第三、五章内容撰写工作;刘树光负责第六章内容撰写工作;雷晓犇负责第七章内容撰写工作。本书的出版受到军内科研项目、"十三五"装备预研共用技术项目和装备预研国防科技重点实验室基金的支持和资助,写作本书曾参阅大量的相关文献资料,在此,一并表示感谢。

由于水平有限,书中难免存在不妥之处,恳请广大读者批评指正。

著　者

2020 年 8 月

目 录

第一章 绪论 ··· 1
   1.1 研究背景和意义 ·· 1
   1.2 无人作战飞机研究现状简介 ·· 4
   1.3 作战效能评估方法综述 ·· 9
   1.4 研究内容与章节安排 ·· 14

第二章 无人机超视距空战的效能分析 ··· 17
   2.1 超视距空战研究现状分析 ·· 17
   2.2 基于人工势场的态势评估 ·· 18
   2.3 空战决策 ··· 23
   2.4 空战损耗裁定 ··· 28
   2.5 仿真分析 ··· 30
   2.6 本章小结 ··· 33

第三章 诱饵弹干扰下无人机空战的建模与分析 ·· 35
   3.1 诱饵弹干扰下的空战问题描述 ·· 35
   3.2 诱饵弹干扰下的 Lanchester 空战模型 ··· 37
   3.3 静态攻击阈值优化的建模及求解 ··· 42
   3.4 自杀式无人机的空战模型及攻击阈值分析 ···································· 48
   3.5 本章小结 ··· 51

第四章 诱饵弹干扰下的无人机动态攻击阈值控制 ···································· 53
   4.1 作战想定和空战建模 ·· 53
   4.2 最优控制问题描述 ··· 54
   4.3 最优控制问题的求解方法研究 ·· 57
   4.4 Lanchester 方程中的最优控制问题分析 ······································ 65
   4.5 仿真分析 ··· 67
   4.6 自杀式无人机的动态攻击阈值控制 ··· 72

4.7 本章小结 ··· 79

第五章　敌方杀伤力未知情况下的最优攻击阈值控制 ················· 80
5.1 敌方杀伤力未知下歼击型无人机的最优攻击阈值 ················· 80
5.2 仿真分析 ··· 84
5.3 敌方杀伤力未知下自杀式无人机的最优攻击阈值 ················· 88
5.4 仿真分析 ··· 91
5.5 本章小结 ··· 96

第六章　基于改进对数法的无人作战航空综合体效费分析 ············· 97
6.1 基于改进对数法的无人机作战效能评估 ···························· 97
6.2 无人作战航空综合体的效费分析 ·································· 101
6.3 本章小结 ·· 109

第七章　基于灰色系统理论的无人机作战效能分析 ···················· 110
7.1 无人机的任务可靠性分析 ··· 110
7.2 基于灰色系统理论的作战效能建模与分析 ······················· 120
7.3 本章小结 ·· 129

参考文献 ··· 130

第一章 绪 论

1.1 研究背景和意义

1.1.1 无人机及其军事应用概述

无人机(unmanned aerial vehicle,UAV)又称"空中机器人",是一种远程操纵飞行或自行操纵飞行的航空飞行器的统称。无人机可携带照相机、传感器、通信器材和电子战装备等各种有效的任务载荷。此外,无人机还可以携带空空导弹、空地导弹等杀伤性武器,这种情况下的无人机就是无人作战飞机。无人机诞生于20世纪20年代,在50年代以后,无人机有了较快发展,并且在民用和军用领域都得到了广泛的应用。

民用无人机大都是由多用途无人机装载民用任务载荷改装而成的,民用无人机按用途大体可分为以下几类:气象探测无人机、治安监控无人机、高压线路巡检无人机、民用通信中继无人机、航空摄影无人机、地质勘测无人机、灾情监视无人机、交通巡逻无人机等。

民用无人机近几年发展迅速,但是现今的无人机大部分是军用无人机。军用无人机根据巡航时间、飞行半径、飞行高度、航程等性能的不同,可以分为战略无人机和战术无人机两大类;按照动力装置的不同,可分为活塞式、冲压式、燃气涡轮式、火箭式、电动式等;按照能量来源的不同可分为燃油式、燃气式、电池式、太阳能式、核能式等;按照作战任务的不同,又可分为靶机、校射无人机、通信中继无人机、诱饵无人机、侦察无人机、反辐射攻击机、电磁干扰无人机、攻击无人机等类型。

无人机自其诞生以来就一直被赋予作战任务,经过近一个世纪的发展,无人机在现代战争中的作用越来越明显,逐渐成为国防装备中不可或缺的一项重要组成。

无人机之所以受到各国青睐,是因为与有人战斗机、导弹等传统武器装备相比较,无人机具有以下特点和优势[1-3]。

1. 与有人机比较

(1)与有人驾驶的作战飞机作比较,无人机的最突出的优势就是"无人",无人机本身不搭载飞行员,从而可以去掉用来保障机组人员生命安全的一些设施和装置,这样就大幅地减小了武器装备的成本,同时又节省了空间,便于优化无人机的结构布局。

(2)相比较有人驾驶的作战飞机,无人机的"无人"优势使其在作战过程中完全不会受到飞行员愤怒、恐惧等不良情绪的影响,因此能够更加专心致志地完成作战任务。此外,有人机在执行任务过程中一旦被击落,飞行员被俘虏,那么有可能给某一国家或地区造成非常严重的政治和外交困境,而无人机被击落造成的政治和外交影响则比有人机要小得多。

(3)相比较有人驾驶飞机,无人机的机体外形尺寸普遍偏小,因此与之配套的发动机功率小,并且军用无人机在生产和制作过程中大量采用玻璃纤维等透波材料,这使得无人机的雷达有效反射面积(radar cross-section,RCS)较小,不易被敌方发现,因此无人机的目标较小,突防能力较强。此外,由于无人机不受飞行员身体条件的约束,因此无人机的飞行包线比较大。基于以上原因,无人机在战场上具有更高的生存性。

(4)无人机的体积和重量的优势使得无人机对起降场地的要求十分宽松,因此无人机的作战使用方式十分灵活多变。无人机可以像有人机一样,在地面或舰船上通过滑跑起飞,亦可以由有人机搭载至空中进行发射,或者手抛、炮射等,如图1-1所示。

图 1-1 手抛发射无人机和炮射无人机
(a)RQ-11 raven 手抛发射无人机; (b)Switchblade 炮射无人机

(5)无人机可以执行一些对于有人机来说非常危险的任务,可以深入敌方军事要地上空实施目标侦察、武器引导、通信干扰或者直接攻击等任务。相对于有人机来说,无人机能够更加近距离地侦察目标,因此无人机的侦察效果和定位的精度比较高。

(6)无人机能够适应较为恶劣的作战环境。一般来说,有人机在恶劣气象或者是比较复杂的条件下很难完成作战任务,考虑到飞行员的人身安全问题,有人作战飞机通常情况下也不会出现在辐射条件下的作战环境。而无人机能够在相对复杂的气象条件下来执行作战任务,或者执行一些相对于有人机来说作战环境非常危

(7)相对于有人机,无人机的留空时间较长。考虑到飞行员的生理条件限制,有人机的留空时间有限,不能长时间地执行作战任务,而无人机的留空时间则不必考虑这些因素,因此可以长时间不间断地执行作战任务。

2. 与导弹比较

将无人机与导弹进行对比,无人机的最大特点是能够多次使用,导弹则是一次性的。大多数的无人作战飞机自身能够挂载相应的武器,而不是无人机自身作为武器,因此,从效费比和作战使用的灵活程度两方面来说,无人机均占优势[2]。

1.1.2 无人机在军事冲突中的经典运用

成功运用无人机赢得战争胜利的经典战例莫过于以色列和叙利亚之间的贝卡谷地之战。战斗过程大致如下[4]:以色列出动了近100架美制F-4,F-15和F-16战斗机,在空中预警机和电子干扰飞机的配合下,突然袭击了叙利亚设在黎巴嫩贝卡谷地的萨姆-6地对空导弹阵地和雷达站。仅用了6 min就摧毁了19个导弹阵地(共装备228枚萨姆-6导弹)。

贝卡谷地之战震惊了各国军界,造成这种战果的原因莫衷一是,但普遍认为,多用途的无人机在战斗中发挥了重要作用。以色列在这次突然袭击前,早就频繁地出动无人侦察机搜集战场情报。在叙利亚设在贝卡谷地的萨姆-6防空导弹部队曾发射三枚地对空导弹,有两枚命中一架以色列无人机,而另一架以色列的高空侦察飞机则在它的掩护下,完成了对叙方防空导弹阵地的侦察任务。

在这次袭击的过程中,以色列又大批量地使用无人机,它们有的充当假目标,诱骗叙方雷达开机,使叙方防空导弹系统饱和;有的作为电子侦察机,搜集雷达情报和通信情报,向空中预警机、电子干扰飞机和攻击机提供干扰敌通信网和雷达以及摧毁导弹阵地所需要的相关数据;有的执行侦察、目标捕获和目标指示任务,为攻击机投射的激光制导炸弹指示目标;等等。

分析这场战斗,无人机起到的作用可概括如下:

(1)军事侦察,搜集敌方情报;

(2)充当诱饵,吸引和分散敌方火力;

(3)通信中继,向有人机提供战场情报;

(4)目标捕获和目标指示,引导激光制导炸弹攻击目标。

虽然这场战斗中无人机并没有直接对敌方造成杀伤,但是正是由于无人机的大力支援,以色列军队才造就了一个军事神话。自此之后,各军事强国开始加紧对无人机的研制和使用,出现了一批无人攻击机和其他作战用途的无人机。

1.1.3 作战效能评估的必要性

随着现代战争形式的变化和无人机技术的不断发展,无人机越来越多地参与到直接攻击任务中,因此对无人机的作战效能进行评估这一需求日益迫切,并逐渐成为一项重要的研究课题。

近年来,随着无人机技术、计算机仿真技术、虚拟仿真技术的不断提高和发展,相应的无人机作战效能评估技术也在迅速发展,并逐渐成为无人机设计论证和作战使用领域的一项重要研究内容。如何在现代的高科技战争中合理使用无人机这种先进武器,充分发挥它的作战效能,是各国军方普遍关注的一个问题。要解决上述问题,合理、全面地对无人机作战效能进行衡量是关键。因此,无人机的作战效能评估已经贯穿于无人机的设计、生产和使用等全寿命周期中的各个阶段。

大体来说,无人机作战效能评估的意义在于以下几方面:

(1)促进相关无人机研制技术的发展;

(2)为无人机的合理使用提供一定参考,从而能够在一定程度上促进相应技战术水平的提高与进步;

(3)为相关部门制定规则和方案提供依据,为规则制定者和方案决策者提供参考信息;

(4)训练我军作战指挥员的作战指挥能力,从而提高作战指挥员的战术素养和指挥水平;

(5)为我国航空武器装备的发展研究道路提供方向,为我军航空武器装备的建设和完备提供科学依据。

总而言之,无人机的作战效能评估,对我国航空工业和相关国防事业的发展、进步有着不可替代的重要意义,是推进我军现代化建设的一种有效手段。

由于无人机具备有人机和其他作战武器无可比拟的优势,因此各个军事强国争相发展本国的无人作战飞机,下面简要介绍一下无人作战飞机的研究现状。

1.2 无人作战飞机研究现状简介

无人作战飞机是现代战争中一种有效攻击武器,并且蕴含着在未来高科技战争中的极大潜力。现今,无人作战飞机的典型任务是攻击目标导引以及对其他远程武器进行火力控制,也有部分无人作战飞机直接参与攻击任务。出于不同的作战需求和攻击对象,无人作战飞机在设计尺寸和续航力等方面都有较大差别。小型和轻型的无人作战飞机续航力和飞行距离有限,一般适用于步兵小队或特种作战分队等战术部队的装备配置;大型和重型的无人作战飞机具有更长的续航能力和更远的飞行距离,甚至可以组成一个无人机作战小队。

1.2.1 国外典型军用无人机简介

无人机的诞生与其军事需要紧密相关,最开始的无人机是为防空部队提供军事训练的靶机。后来随着科学技术的发展和战争形式的变化,无人机开始逐渐担负起其他的一些作战任务。到了20世纪60年代,无人机开始作为一股强大的军事力量出现在战场上。在20世纪的海湾战争中,高科技、多用途的无人机为以色列取得战争的最终胜利起到了不可磨灭的重要作用。此后,各国军方都发现了无人机的战争潜力,各军事强国都加紧研究本国的无人机,制订相应的无人机发展路线图,给出无人机设计的要求。无人机的研制和使用进入了一个前所未有的快速发展阶段。

  战争的需要促进了无人机技术的发展,而无人作战飞机的出现又在一定程度上改变了战争的形态。不仅仅是空军密切关注着军用无人机的发展动态,陆军和海军同样对高技术水平的无人机有着迫切需求。现今的军用无人机型号众多,一些在研,一些在做相关试验,一些已经装备部队,投入到实战环境中去了。纵观现在国外的无人攻击机家族,其中的佼佼者有美国的"捕食者(Predator)"系列无人作战飞机、X-47B无人作战飞机,欧洲的"神经元(Neuron)"无人作战飞机以及以色列的"哈比(Harpy)"系列自杀式反辐射无人作战飞机,如图1-2所示。

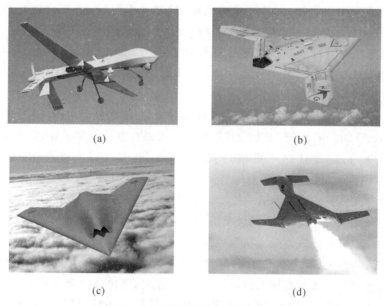

图1-2 国外的无人作战飞机
(a)"捕食者"无人机; (b)X-47B无人机; (c)"神经元"无人机; (d)"哈比"无人机

  美国在无人作战飞机的研制和作战使用方面都走在世界前列[5]。"捕食者-A(RQ-1/MQ-凄美1)"是美国在20世纪90年代中期研发的一款著名无人攻击机,同后面发展起来的几款无人机型号相比,"捕食者-A"的体型不算大,它的翼展只有14.8 m,标准的起飞质量不能超过1.02 t。"捕食者-A"最初的作战任务设定是进行目标侦察和提供一定的战争支援,它可以携带相应的电视/红外探测装置等有效载荷,并能够将采集到的信息通过卫星传送给地面站。"捕食者-A"最多还能够挂载两枚 AGM-114"海尔法"导弹,可以对地面目标发动攻击。"捕食者-A"机身由全碳纤维构成,动力系统采用螺旋桨推进,因此"捕食者-A"的 RCS 和噪声都很小,不容易被探测到。"捕食者-A"每小时可以飞行 130~165 km,在掌握了制空权的前提下能对地面目标构成较大威胁,远在 600~700 km 外的地面站则可以轻松地控制无人机进行搜索和攻击。自从"捕食者-A"问世以来,其多次参与到美国的军事行动,美军曾经部署"捕食者-A"的国家和地区包括伊拉克、阿富汗、波斯尼亚、巴基斯坦、利比亚、塞尔维亚和索马里等。"捕食者-B(MQ-9)"是美国在 2000 年左右研制的一款远程长航时无人作战飞机。"捕食者-B"主要用来完成美军的地面目标寻-歼任务。"捕食者-B"全长 11 m,翼展达到了 20 m,其巡航速度相对于"捕食者-A"有了明显提升,达到了 580 km/h,满载负荷可以飞行 14 个小时,最大起飞质量达到了 4.76 t。在机载武器方面,"捕食者-B"较"捕食者-A"有了长足进步,"捕食者-B"可供选择的武器包括 AGM-114"海尔法"导弹、GBU-12 激光制导炸弹、AIM-9"响尾蛇"导弹和 GBU-38 联合制导攻击武器(joint direct attack munition, JDAM)等。因此,"捕食者-B"的杀伤力相当强大,曾经被用来在阿富汗和伊拉克地区执行攻击任务。2008 年,美国还以"捕食者-B"为基础组建了世界上第一个无人战斗机小队,并以此来替换国民警卫队的部分 F-16 战斗机。

  X-47B 是一架试验型无人战斗机,由美国国防技术公司诺斯罗普·格鲁门公司研制,长 11.63 m,翼展 18.92 m(折叠后 9.4 m);空重 6 350 kg,最大起飞质量超过 20 000 kg。设计时速可以达到 800 km,最大飞行高度可达 12 000 m。X-47B 体型巨大,尺寸直逼美海军现役的 F/A-18E/F 超级大黄蜂战斗机。X-47B 两个内置弹舱各可以容纳一枚 2 000 lb[①]级的 JDAM,其载弹量要远远超过现今的大部分无人机。X-47B 是人类历史上第一架无须人工干预、完全由电脑操纵的"无尾翼、喷气式无人驾驶飞机",也是第一架能够从航空母舰上起飞并自行回落的隐形无人轰炸机。X-47B 于 2011 年 2 月 4 日在美国加利福尼亚州爱德华兹空军基地首飞成功。飞行测试共持续了 29 min 左右,飞机最高爬升了 1 500 m 左右的高度。2013 年 5 月 14 日,美国海军首次从"乔治·布什号"航空母舰上弹射起飞一架 X-47B 无人机并获得成功。2013 年 7 月 10 日,一架 X-47B 型无人机降落在"乔治·布什号"航空母舰上,代表着无人机在航空母舰上自主起降的成功。

  "神经元"无人机是由法国牵头,瑞典、希腊、瑞士、西班牙等欧洲各个国家共同参与研发的一款无人作战飞机。"神经元"长 10 m,翼展 12.5 m,大小和目前各国

---

① lb:磅,1 lb=0.45 kg。

的喷气教练机相仿,采用与"雷神"相同的 ADOUR951 发动机,标准起飞质量约 5 000 kg,最大起飞质量 6 000 kg。"神经元"搭载有雷达与红外传感器,并能加装各式侦察设备,还能携带制导炸弹与包括反雷达导弹在内的各式精密制导武器。为减少雷达回波,各种挂载皆收纳于机体下方的两座密闭弹舱内,最大载弹量约为 1 000 kg,"神经元"可在起飞前输入程序,由机体自动进行飞行任务,不过在执行攻击任务时,则会以地面控制台或空中的指挥机担任管制引导,后者目前暂定由阵风战斗机或 JAS-39 "鹰狮"(Gripen)双座型战斗机改装,一架指挥机能对一个编队的无人战机进行管制,并下达攻击指令。2012 年 12 月"神经元"验证机在法国南部达索公司的试飞基地首飞成功,在空中飞行了约 25 min,全程由法国国防部武器装备总局的试飞员在地面站进行监控。2014 年 3 月,达索航空公司安排一架"神经元"无人驾驶作战飞机与一架"阵风"战斗机和一架"猎鹰-7X"公务机编队飞行了数百千米,这是历史上无人作战飞机首次与其他飞机进行编队飞行。"神经元"综合运用了自动容错、神经网络、人工智能等先进技术,具有自动捕获和自主识别目标的能力,也可由指挥机控制其飞行或作战。"神经元"无人机解决了编队控制、信息融合、无人机之间的数据通信以及战术决策与火力协同等技术,实现了无人机的自主编队飞行,其智能化程度达到了较高水平。

"哈比"无人机是由以色列在 20 世纪 90 年代自主研制的一款自杀式反辐射无人攻击机,这种自杀式无人机可以看作是导弹与飞机的结合体。"哈比"无人机系统以连为建制构成一个基本火力单元,其中包括 1 个地面控制站、3 个发射单元(共计 54 架攻击机)、1 个电站和辅助设备等。"哈比"系统具有高度的机动性,攻击机能够长时间贮存并保持高度的戒备状态。"哈比"无人机翼展为 2.1 m,机身长 2.6 m,高 0.35 m,发射质量 125 kg,由火箭助推器发射,可保持续航飞行,作战任务的完成依靠预编程序控制。它可以直接朝着目标区爬升、巡航,通过使用机载 GPS 系统自动导航,并能够按照预先确定的模式进行盘旋飞行,搜寻雷达辐射源。据了解"哈比"最高能飞约 10 000 ft[①](3 048 m),能以 6 000 ft 高度飞行 1 000 km,巡航速度 167~194 km/h,俯冲速度 482 km/h。机体结构由木材和铝材做成,表面使用了复合材料,所以成本低、性能高。为提高攻击精度,采用了 4 个直接侧力发生器,使攻击机可作无倾斜水平转弯,导航精度为 250 m。雷达导引头可敏感 2~18 GHz 的电磁辐射源,能感受前方和下方±30°范围内的雷达辐射信号。战斗部装有 6 kg 烈性炸药,可将地面雷达摧毁,精确度误差为 5 m。"哈比"无人攻击系统的作战过程是:接受作战任务—制定作战计划—发射准备—发射—飞往目标区域—巡逻待机—攻击。"哈比"无人攻击系统的指控站在接到作战任务后,依据最新电子侦察情报和对目标特性的了解,借助地面控制车上的任务编程器制定作

---

① ft:英尺,英制单位。1 ft≈0.304 8 m。

战计划,然后实施发射。攻击机便按照预先设定的飞行计划和已规划的航路自主飞往目标区域,到达后则搜索和截获目标,按优先级对目标进行搜索和跟踪,捕捉到目标后便向目标发起进攻,在进攻时为提高攻击机的自身生存率,会以近90°的俯冲角和大于巡航速度2倍多的速度向目标俯冲。在俯冲时若目标关机,攻击机会自动拉起,重新巡逻待机,并可反复多次,直至燃油耗尽,最后一次攻击时将朝目标进行俯冲攻击或自毁。为了能够充分发挥"哈比"攻击机的作战效能,一般采用集群作战方式,并快速、连续、自动地发射攻击机,可在 40 min 内将 54 架攻击机全部发射出去。数十架无人机成群结队地在目标上空区域盘旋,巡逻区域下方一旦有敌方雷达开机,就会遭到"哈比"的自杀式攻击。

此外,英德俄等国都在探索自己的无人攻击机发展道路,许多型号都已投入现役。

1.2.2 国内典型军用无人机简介

我国对无人作战飞机的研制十分重视,经过国防专家和相关科研人员的共同努力,我国的无人机技术正在快速发展[6]。

长虹-1号无人机由北京航空航天大学研制,是高空多用途无人驾驶飞机,代号 DR-5。长虹-1号可用于军事侦察、高空摄影、靶机、地质勘测以及大气采样等科学研究。该机于1969年开始研制,1972年11月28日首飞,1980年定型正式装备部队。长虹-1号高空多用途无人驾驶飞机的机体本身的研制是参照被击落的美国"火蜂"无人机,但无人机的地面监测控制系统则是完全自主研制的。20世纪60年代起,相关科研部门就在进行地面站研制工作,经过科研人员的努力,最终建成了配套的无人机地面控制站。1970年,长虹-1号无人机在东北的靶山试飞,依靠地面站的指挥,无人机试飞成功。此后,该系统进一步进行了无人机地面雷达远程数字距离跟踪系统的改装改进。该无人机的远程跟踪系统具有 400 km 自动跟踪的能力,因此 400 km 也是长虹-1号的最大实用半径。1979年又进行了机载四坐标卡尔曼滤波跟踪系统的改进工作。1980年12月25日,长虹-1号正式宣告研制成功。长虹-1号无人机采用大展弦比后掠中单翼,主要机体结构为铝合金。机翼上各有一片翼刀,有副翼。长虹-1号飞机由大型飞机(母机)带飞到4 000~5 000 m 的高度投放。母机开始试用过苏联制图-4轰炸机,后来采用运-8E。无人机由其母机携带起飞,在空中投放,自动爬升到工作高度,随后按预编程序控制高度、航速、飞行时间和航程。完成任务后长虹-1号将自动返航,飞到回收区上空,飞机可在程控或遥控状态下进行伞降回收。在自动导航系统的控制下,长虹-1号可在直飞1 000 km 时,保证飞行横向偏差不超过2.5%。全程可通过配套的地面无线电控制站与机上测控标雷达组成的遥测、遥控、纹标三合一的无线电控制系统进行控制。回收后经过一定维护,可重复使用多次。长虹-1号机身部分由前到后为雷达舱、照相舱、油箱、发动机短舱、航空电子舱和伞舱。脊背有背鳍,内装电缆、回收伞等。主要机载设备包括光学照相机和电视/前视红外摄像机。在执行可见光照相侦察任务时,照相机镜头能绕其纵轴倾斜旋转或垂直向下,从五个照相窗口进行拍摄。

ASN-206多用途无人驾驶飞机是由西北工业大学西安爱生技术集团研制的,该机于1994年12月完成研制工作。ASN-206是我军较为先进的一种无人机,尤其是它的实时视频侦察系统,为我军前线侦察提供了一种利器。ASN-206系统配套完整,功能较为齐全,设计考虑了野外条件。全系统包括6~10架飞机和1套地面站。地面站由指挥控制车、机动控制车、发射车、电源车、情报处理车、维修车和运输车等组成。该机在军事上可用于昼夜空中侦察、战场监视、侦察目标定位、校正火炮射击、战场毁伤评估、边境巡逻。ASN-206无人机采用后推式双尾撑结构形式。这一布局的好处是由于后置发动机驱动的螺旋桨不会遮挡侦察装置的视线。机身后部、尾撑之间装有1台HS-700型四缸二冲程活塞式发动机,功率为37.3 kW。巡航时间为4~8 h,航程为150 km。ASN-206的侦察监视设备包括垂直相机和全景相机、红外探测设备、电视摄像机,定位校射设备等。更重要的是,ASN-206装有数字式飞机控制与管理系统、综合无线电系统、先进任务控制设备,借助上述系统,ASN-206可以在150 km纵深范围内昼夜执行作战任务。侦察情报信息,尤其是白光/红外摄影机拍到的视频影像可以实时传输至地面站,进行观察和监视。定位校射系统能实时的指示地面目标的坐标和校正火炮射击。

翔龙无人机是由我国自主研究和设计的一种大型无人机。"翔龙"高空高速无人侦察机全机长14.33 m,翼展24.86 m,机高5.413 m,正常起飞重量6 800 kg,任务载荷600 kg。"翔龙"无人机主要用于高空侦察、情报收集和信息中继,但也可执行作战任务。可挂载的最大载荷为650 kg,能够挂载"雷石-6"制导滑翔弹、"雷霆-2"激光制导炸弹或3~4枚中远距空空导弹。

1.3 作战效能评估方法综述

作战效能评估是随着战争的需要而产生的。早在古代,人们就已经提出了与作战效能评估的类似概念。《孙子兵法》十三篇中所提出的"庙算",西汉张良的"运筹帷幄",都可以认为是最古老的一种作战效能评估形式。不过由于条件所限,古人的效能评估更多的是凭借个人的智慧。随着现代科学技术的迅猛发展,特别是相应的计算机技术、虚拟仿真技术的不断成熟,为作战效能评估提供了更加准确和可靠的手段。

1.3.1 作战效能的定义

不同的研究人员和研究机构对武器系统作战效能的研究侧重点是不同的,进而带来了武器系统作战效能的一些不同定义[7]。目前看来,在学术界和工业界对武器系统作战效能的定义中,有影响的主要是以下几种[8]:

美国海军定义的作战效能为:系统能在规定条件下和在规定时间内完成规定任务之程度的指标,或系统在规定条件下和在规定时间内满足作战需要的概率。

美国航空无线电研究公司定义的作战效能为:在规定条件下使用系统时,系统在规定时间内满足作战要求的概率。

美国麻省理工学院 A. H. Levis 等人在评价 C^3I 的作战效能时给出的定义是"系统与使命的匹配程度"。

我国军用标准《装备费用-效能分析》(GJB1364 - 92)[9]中对武器装备作战效能的定义为"在规定的条件下达到规定使用目标的能力"。

朱宝鎏在《作战飞机效能评估》[10]一书中认为,武器的作战效能是指武器装备完成给定作战任务能力的大小,从更广义的理解或从系统工程的角度来看,效能还应包括它的可用度、可靠度和保障度。

由此可见,作战效能是一个相对的、定量的值,需要考虑特定的使用环境和特定的任务目标,而效能评估则是对系统作战效能的分析和评价。由上面的定义可以得到效能评估的三个特点:

(1)对抗性。即评估武器装备的作战效能必须在存在对抗的前提下进行,这与给定的作战任务有关,也与对方的装备配置和战斗力相关。

(2)不确定性。"效能"这个名词本身就是一个模糊的概念,大多数的效能评估方法与概率论和不确定性数学相关,因此效能评估中存在一定的不确定性,其中武器装备的任务可靠性和对方的刻意欺骗、干扰是造成这种不确定性的两条重要因素。

(3)可预测性。尽管武器装备效能评估中存在一些不确定因素,但是通过对不确定因素的合理建模和分析,同样可以得到武器装备的作战效能。

1.3.2 作战效能评估的发展历程

作战效能评估是系统工程与军事运筹学交叉产生的一个研究方向。它出现在20 世纪 30 年代。当时英、美等国为了研究海军和空军的一些战略战术,找到数学领域的一些专家学者,成立一个专门的研究小组(Operational Research 小组),在今天看来,他们研究的大部分问题都属于作战效能评估的研究范畴,这为作战效能评估的持续发展奠定了牢固的基础。

作战效能评估问世 80 余年,大致看来,其相关理论的发展过程可以划分为三个时期。

1. 效能评估的产生和发展(20世纪30—60年代)

20世纪30年代,第一次世界大战刚刚结束,为了能够对武器的威力进行定量评判,一些国家开启了弹药对目标的杀伤效果研究[11],到了40年代末,相关研究开始趋向于系统化,并出现了易损性的相关概念。1945年,一些组织和机构开始对机载火炮的最优口径问题进行研究,这标志着易损性分析正式开始。

60年代初期,效能评估的研究工作得到了越来越多的重视,为此,美国和苏联等军事强国先后组建了相应的作战效能研究部门。20世纪40年代,《空中射击》一书的问世标志着空中射击效能理论的诞生。1965年,美国武器工业效能咨询委员会(weapon system effectiveness industry advisory committee, WSEIAC)提出了经典的ADC(Availability, Dependability, Capacity)效能模型,该模型通过综合武器装备的可用性、可信赖性和作战能力三项指标来评估武器装备的"技术效能"[12]。到了60年代末期,美国人John Boyd和Tom Christie对飞机空战相关的作战效能问题进行了研究,提出"能量机动性"(energy-maneuverability)的相关概念,用一个关键性参数"单位力剩余功率"(specific excess power, SEP)来衡量飞机的作战效能。至此,空战和对地攻击相关的射击和对抗分析模型均已产生。

2. 效能评估方法的多样化(20世纪60—80年代)

这一发展阶段是由于计算机的出现,促进了相关数值分析理论的发展,从而涌现出大量的数值分析方法,并被不断应用到相关的效能评估理论之中,特别是对于导弹的杀伤效能分析[13],得到了迅速的发展。

3. 现代效能评估方法(80年代末至今)

这一阶段效能评估的发展主要是受到计算机仿真技术和人工智能、虚拟现实等技术发展的带动,作战效能评估开始向网络化和集成化的方向发展,各种大规模、多兵种的效能评估方法开始出现,同时跨地区跨平台的作战试验手段也在不断涌现。

国内开展作战飞机效能评估研究的时间并不算长,主要以有关航空院校[14-17]、国防院校[18-21]和研究院所[22-24]为主,很多军事专家和国防工业专家进行了卓有成效的研究工作,也发表和出版了许多具有影响力的作品,其中朱宝鎏所编著的《作战飞机效能评估》一书系统地总结了效能评估的常用方法,是效能评估领域的一部经典之作。目前,效能评估领域的相关理论和方法已经被应用到武器设计、实验、作战应用等诸多领域,成为武器研制和使用中必不可少的一项关键技术。

1.3.3 作战效能评估的常用方法

对现有的作战效能评估方法进行分析,其大致可分为解析法、统计法、人工智能方法和作战仿真法四大类,下面逐一介绍这四类方法。

1.3.3.1 解析法

1. 概率法

概率法的理论基础主要是概率论、数理统计和随机过程等。概率论主要用于建立静态概率模型,由已知随机因素的概率特征来计算这些随机因素函数的概率特征。比较常见的情况有下列两种:

(1) 根据武器系统的战术性能指标计算武器系统对目标的毁伤效果,例如根据导弹命中精度指标计算导弹对打击目标的命中概率。

(2) 根据单个武器系统的效能指标计算一个作战单位中多个同类武器系统的综合效能指标。最简单的例子如 n 个同类武器装备对同一目标在独立射击下的毁伤概率为

$$P_n = 1 - (1-p)^n \tag{1-1}$$

式中,p 是单个武器对目标的毁伤概率。

2. 对数法

效能评估中的对数法是根据作战飞机的性能指标和实战使用的经验为每一种作战飞机进行打分,用单位对数值作为基本的兵力强度的度量。对数法用统一的尺度(标准)度量不同飞机的作战效能而得到相对的数值。度量标准不同,得到的对数值也不同。该对数值是许多不能直接度量的因素合成的结果。应用效能对数法时,需要选取衡量飞机作战能力的主要因素,比如衡量空战能力的有火力、电子对抗能力、探测能力、机动性和作战半径等因素,对数法是效能评估方法中比较简洁、有效的一种方法。

3. Lanchester 方程

Lanchester 方程是描述交战过程中双方兵力变化关系的微分方程组[25-27]。1914 年,英国工程师 Lanchester 在英国的《工程》杂志上发表了一系列的论文。Lanchester 在这些论文中,建立了相应的微分方程组,深刻地揭示了古代冷兵器和近代枪炮交战过程中双方战斗单位数(亦称兵力)变化的数量关系。此后,根据具体的建模要求,Lanchester 方程有了许多改进和发展[28-32]。

当前,随着现代战争理论研究的不断深入,对 Lanchester 方程的研究也在不断深入。离散型 Lanchester 方程[33]、随机 Lanchester 方程[34]、含不确定信息的 Lanchester 方程[35],合成军交战时的 Lanchester 方程和战术决策的优化[36-38]等问题都有了新进展,与计算机仿真模拟相结合而构成的混合模型 Lanchester 方程也在效能评估领域得到了普遍的应用。

1.3.3.2 统计法

1. 线性回归分析

回归分析[39-42]是由实验数据获得系统输入和输出函数关系的基本方法。它是统计学的一个内容,同时也可以看作是根据最小二乘[43-46]原理用简单方程去拟合实际观察值的一种确定性方法。

目前,最小二乘方法已被运用到坦克作战效能评估[47]、步兵分队作战的兵力分配[48],以及机载武器设备的最优规划[49]等多个方面。由于飞机作战过程的复杂性[50],有些情况下,很难或者不能够用最小二乘法得到一个令人满意的表达式,这限制了最小二乘法在无人机效能评估中的应用。

2. 蒙特卡洛法

蒙特卡洛法[51-55]可以求解武器装备战斗使用方面的问题,这种方法的基本思想是首先建立一个随机过程的概率模型,使它的参数等于问题的解,然后通过对随机过程概率模型的观察抽样试验,计算所求参数的统计特征,最后给出所求解的近似值。

蒙特卡洛方法在效能评估中应用广泛,目前已应用于导弹的毁伤概率分析,对地攻击效能评估以及通信对抗效能评估等诸多方面。

1.3.3.3 人工智能方法

1. 粗糙集

在粗糙集的相关理论中,知识被解释为对研究对象的一种分类能力。在粗糙集中,知识可以用列联表的形式来进行描述。在一个实际的系统中,内部的各个因素之间可能会存在错综复杂的联系,并且这种联系很难写成一个具体表达式的形式,采用粗糙集的方法可以对这种情况下的评估问题进行处理。

利用粗糙集可以去掉效能评估过程中的冗余信息,简化效能评估过程,但是对信息的简化容易导致评估精度的下降。

2. 神经网络

人工神经网络的原理是通过一些比较简单的计算单元的组合来模拟非线性因素比较强的系统。神经网络可以模拟人脑的学习和分析能力,从而完成对一些复杂问题的求解。

利用神经网络来进行效能评估,需要将待评估的一些指标和数据作为神经网络的输入,然后神经网络能够对这些信息进行综合处理,通过神经网络的强大自学习能力,可以完成一个输入和输出之间的映射构建。从而得到相应的效能评估结果。

3. 支持向量机

支持向量机是一种针对小样本学习的有效方法,这种方法主要用于分类和回归分析,它的特点是能够对输入的数据进行分析,并具有良好的泛化能力,从而提取小样本中的有效信息。支持向量机与其他一些类似算法的不同之处主要在于支持向量机不存在从归纳到演绎的过程。

支持向量机能够建立从评估指标到作战效能的非线性映射,从而对作战效能进行评估。

1.3.3.4 作战仿真法

作战仿真方法[56]是指在给定的初始条件和研究目的下,通过对问题的提取和分析,构建一个能够反映战斗进程的作战模型;然后采用计算机模拟的方法来进行战斗进程的推演,再经过适当处理,能够得到双方的作战结果。作战仿真法是分析作战效能的一种有效方法。

作战仿真法能够较为全面地反映出影响作战结果的因素,得到的评估结果可信度是比较高的。而且这种方法易与遗传算法及各种优化算法相结合,因此在作战效能评估中有着广泛应用。

运用作战仿真方法研究无人机的作战效能,是无人机作战效能评估领域的一种重要方法。对复杂的作战问题,可以根据问题的实际情况,合理选择数学方法,从而构成一个整体的混合模型或组合模型。作战仿真可以认为是研究作战对抗过程的仿真实验,即针对一个在特定态势下的作战过程,根据预定的规则、步骤和数据加以模仿复现,取得统计结果,从而为决策者提供依据。过去的沙盘推演和兵棋游戏等方法能够模仿部分或全部的战争过程,因此可以认为是作战仿真的一种方法。由于现代战争的规模日益庞大,复杂程度日益增加,上述传统的作战仿真方法已难以进行较精确的定量描述。在新的数学方法及电子计算机出现后,学术界开始对较大规模的复杂战斗过程作近似描述,现代作战仿真方法开始得到广泛应用。

近年来,随着作战效能研究的不断深入,贝叶斯、Petri 网、马尔科夫链、层次分析法、模糊评估、灰色系统评估等许多方法逐渐被引入作战效能评估领域,并取得一定效果,这里就不一一列举。此外,将多种效能评估方法进行组合,互相取长补短也是效能评估研究的一个重要方向。

1.4 研究内容与章节安排

本书依托相关科研项目,以军用无人机的自主作战趋势为背景,结合无人机自身特点以及相应的作战效能分析方法,对无人机的作战效能进行了评估,各章内容安排如下:

第二章用作战仿真的方法分析无人机的超视距空战作战效能。结合超视距空战的特点,将作战过程分解为态势评估、目标分配和损耗裁定三部分,然后分别进行分析。为得到编队无人机的空战态势,借鉴人工势场思想,提出一种基于人工势场的态势评估方法;然后以得到的空战态势为基础,结合离散差分进化算法和邻域搜索算法,提出一种文化基因算法来进行目标分配;最后用一种改进的两步裁定法来裁定超视距空战中作战双方的损耗。

第三章首先给出一种改进的 Lanchester 方程,来描述诱饵弹干扰下的无人机作战过程;然后通过对 Lanchester 方程积分,得到作战过程中真目标损耗和假目标损耗二者之间的关系;最后采用差分进化算法来优化无人机的攻击阈值,得到诱饵弹干扰下无人机的静态攻击阈值。用类似的方法给出自杀式无人机对应的空战 Lanchester 方程,并对其静态的攻击阈值控制问题进行分析。

第四章是以第三章给出的改进 Lanchester 方程为基础。将 Lanchester 方程与最优控制相结合,研究无人机在诱饵弹干扰下的动态攻击阈值控制问题。首先以 Lanchester 方程为状态方程,以无人机的攻击阈值为控制变量,结合作战双方的弹药约束,建立终端时刻固定情况下的无人机攻击阈值最优控制模型。并且对最优控制模型进行分析,证明如果终端时刻固定,那么己方剩余兵力的最大化等价于敌方剩余兵力的最小化;然后对终端时刻不固定的最优控制问题进行分析;最后用高斯伪谱法来求解最优控制模型,得到无人机的动态攻击阈值。与此类似,将自杀式无人机对应的 Lanchester 方程与最优控制相结合,同样能够得到相应的动态最优攻击阈值。

第五章是在第四章的基础上进行,研究敌方杀伤力未知时我方无人机的攻击阈值控制问题。根据敌方武器的挂载概率和对应的武器杀伤概率,可以建立敌方杀伤力未知时的 Lanchester 方程。视其为最优控制的状态方程,可以分别给出终端时刻固定和可变两种情况下对应的最优控制模型,进而可以得到最优的攻击阈值。如果终端时刻固定,同样可以证明最大化我方飞机的数量期望与最小化敌方飞机的数量期望二者等价。与此类似,可以得到敌方杀伤力未知时自杀式无人机的最优攻击阈值。

第六章介绍适用于无人机作战效能评估的改进对数法。结合无人机自身特点对有人机作战效能评估对数法中的相应参数进行修改和调整,可以得到一种改进对数法来评估无人机的作战效能。然后以此为基础,分析得到无人作战航空综合体的作战效能模型和寿命周期费用模型。以最大化作战效能和最小化寿命周期费用为两个优化目标,采用多目标差分进化算法同时进行优化,可以在一定的约束下,得到合适的单机作战效能和飞机配置架数。

第七章基于灰色系统理论的无人机效能评估。首先进行无人机的任务可靠性评估,然后将其视为无人机作战效能中的一项指标,与第六章中的空战能力、对地攻击能力、侦察能力、寿命周期费四项指标一起来评价无人机作战效能。通过引入灰色系统理论来处理评估中的指标关系不明确的问题,经过权重计算和灰化处理等操作,可以得到无人机的作战效能。

第二章　无人机超视距空战的效能分析

随着航空电子设备和超视距空空导弹技术的发展,超视距空战在空战中所占的比例越来越高,成为现代空战的主要模式之一。因此超视距空战受到了各国空军的高度重视,许多国家将其作为空战的重点加以研究。超视距空战大多是在机群编队的情况下进行的,为保证超视距空战的整体作战效能,避免作战编队飞机之间的目标冲突和重复攻击,各参战飞机需要在指挥中心的统一指挥下互为犄角,协同攻击,共同完成作战任务。相比于近距离的空战缠斗来说,超视距空战中载机的战术动作样式减少,转换节奏放慢,过载明显下降,空战双方以互射超视距导弹为主要攻击方式。

本章在分析无人机超视距作战过程的基础上,将超视距空战过程进行分解,以无人机空战的作战仿真为思路,提出了一套综合态势评估、目标分配和损耗裁定的超视距空战效能分析方法,并分别对态势评估、目标分配和损耗裁定三部分加以详细分析。

2.1　超视距空战研究现状分析

就目前而言,超视距空战的研究重点集中在其攻击决策方面,而研究攻击决策则必须以态势评估和目标分配为基础。相关学者针对超视距空战中的协同作战问题进行了大量有价值的研究工作[57-60]。其分析过程一般是先对双方的空战态势进行评估,然后以此为基础来完成作战目标的优化分配。

态势评估方法主要分为两类:贝叶斯法和非参量法。贝叶斯方法[61-63]首先建立贝叶斯网络,然后将影响空战态势的各个参数进行离散化处理,输入到贝叶斯网络之中,从而得到空战态势评估结果。非参量法[64-66]则是综合空战双方的武器装备数据和战术几何信息等因素,用公式化的方法来进行定量判断,得到态势评估结果。

目标分配则可以认为是在态势评估基础上的攻击目标排序,其目的在于给需要攻击的目标分配合适数量的导弹。目标分配是一个0-1整数规划问题,多采用粒子群算法、蚁群算法、拍卖算法[58,67,68]等优化算法进行求解。

现有的空战决策研究工作已取得了一定成果,但是在以下两个方面还存在一定不足:

(1)贝叶斯方法和非参量法在态势评估过程中都简单考虑敌我之间的相互作

用,没有考虑友机之间的相互作用以及无人机的作战队形对空战态势的影响。

(2)超视距空战是一个作战双方相互攻击的过程,大部分文献只是分析攻击方的空战决策,没有考虑被攻击方的反击。然而在超视距空战仿真中,不应只考虑优势方对劣势方的攻击,还应考虑劣势方的反击。

针对以上两个问题,本章首先借鉴人工势场理论来处理编队队形和友机活动半径等因素对无人机空战态势的影响,完善超视距空战的态势评估,随后提出一种文化基因算法来进行攻击目标分配;然后用改进的两步裁定法来模拟作战双方的相互攻击,完成损耗裁定。

2.2 基于人工势场的态势评估

2.2.1 作战飞机的人工势场

人工势场(artificial potential field)[69,70]是 Khatib 在 1986 年提出的一种关于虚拟场的方法,其基本思想是在一定区域内建立引力场与斥力场同时作用的虚拟势场,通过搜索其势函数的梯度方向来寻找无碰撞路径。人工势场已大量应用于路径规划和飞机编队的引导控制中。

目前超视距空战的态势评估往往只考虑敌机对我机空战态势的影响,没有考虑队内及队外友机之间的相互作用。为反映出队内和队外友机对飞机态势的影响,这里将人工势场引入到超视距空战的态势评估领域。将空战中的无人机看作是在空间中受到敌我双方各种人工势场作用的个体,通过分析无人机在空战中受到的人工势场,可得到空战态势评估结果。

作战飞机的人工势场对敌我双方飞机的作用效果是不一样的:对处在同一个飞行编队中的友机来说,人工势场是一种相互支援、相互帮助的作用。而对于非同一编队的友机,可能因为本机与其之间的距离、方位等因素的影响,干扰了友机的正常作战,客观上影响到了友机的正常作战任务;对敌方飞机来说,人工势场是一种威胁作用,体现了我方无人机对其打击作用。

综合以上分析,应当采用三种人工势场来分别描述无人机的三种人工势场:队形势、斥力势和威力势。

(1)队形势:作战飞机人工势场中对空间某点约束程度的定量描述,由编队内友机的机体产生,体现了编队内飞机对本机的队形约束作用,作用对象为同一编队内的飞机。

(2)斥力势:人工势场中对空间某点排斥程度的定量描述,由无人机机体产生,体现了无人机对处于空间某点的友机的排斥作用,作用对象为非同一编队的本方飞机。

(3)威力势:无人机人工势场中对空间某点威胁程度的定量描述,威力势由作战飞机的机体和机载设备共同作用产生,体现了无人机性能、机载设备性能、无人机运动状态等因素对空间中的某个目标攻击能力的影响,其作用对象为敌方作战飞机。

超视距空战中的任何一架飞机都产生这三种势,同时它们也受到其他飞机产生的这三种势的影响。即作战中的无人机既是这种三势的产生源,也是其他飞机产生的这三种势的作用对象。如图2-1所示,通过分析这三种人工势场,可分别得到三种人工势力:队形力、斥力和威力。

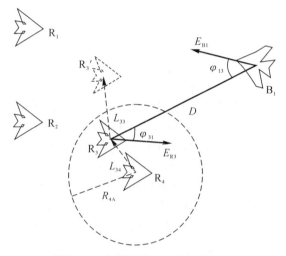

图2-1 作战飞机人工势场示意图

图2-1中无人机R_1,R_2和R_3组成一个飞行编队,R_4为编队外友机,R_3'为飞机R_3的指定位置,B_1为敌方战机。以R_3为例对人工势场中的各种势力进行说明。首先由于R_3飞离编队内指定位置而受到队形力的作用,同时由于R_3进入R_4的活动半径,因此R_3还受到R_4的斥力作用;由于敌方飞机B_1的存在,R_3受到B_1威力的作用。下面分别给出队形力、斥力和威力的定义和计算方法。

2.2.2 队形力和斥力

队形力是因为作战飞机脱离空战编队的指定位置而产生的一种虚拟力。队形力沿飞机位置与指定位置的连线,指向其空战编队中的指定位置。队形力的计算方法为

$$F_{F3} = \begin{cases} \dfrac{L_{33}^2}{R_{3C}^2}, & L_{33} < R_{3C} \\ 1, & L_{33} \geq R_{3C} \end{cases} \tag{2-1}$$

式中,L_{33} 是无人机 R_3 偏移指定位置的距离,R_{3C} 为飞行编队中 R_3 的最大允许偏移距离。

设 R_{3C} 为 500 m,当无人机的偏移距离 L_{33} 从 0 m 变化到 600 m 时,队形力的变化情况如图 2-2 所示。

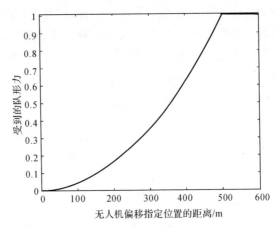

图 2-2 队形力随无人机偏移距离变化图(注:纵轴为虚拟力,无量纲)

斥力是指无人机进入编队外友机的活动半径,影响友机正常作战而产生的一种虚拟力场;斥力沿友机与本机的连线,指向友机的活动范围之外。图 2-1 中,R_3 受到 R_4 的斥力作用,斥力 F_{REP34} 的计算公式如下:

$$F_{REP34} = \begin{cases} \exp\left(-\dfrac{L_{34}^2}{R_{3A}R_{4A}}\right), & L_{34} < \max(R_{3A}, R_{4A}) \\ 0, & L_{34} \geqslant \max(R_{3A}, R_{4A}) \end{cases} \quad (2-2)$$

式中,R_{3A},R_{4A} 分别为 R_3 和 R_4 空战所需的活动半径。假设 $R_{3A}=2\,000$ m,$R_{4A}=3\,000$ m,则 L_{34} 从 1 变化到 4 000 m 时,斥力 F_{REP34} 的变化情况如图 2-3 所示。

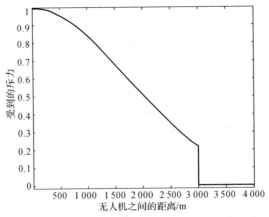

图 2-3 无人机受到斥力随无人机之间距离变化图(注:纵轴为虚拟力,无量纲)

2.2.3 队形力和斥力的分解

设飞机 R_3 同时受到队形力和友机 R_4 及 R_5 的斥力,其受力情况如图 2-4 所示。

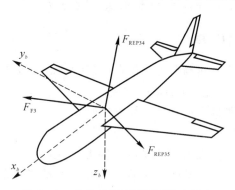

图 2-4 机体坐标系下受到的虚拟力

将无人机 R_3 受到的人工势场虚拟力分解到机体坐标系三轴,可以得到虚拟力矩阵:

$$\boldsymbol{F}_3 = \begin{bmatrix} F_{F3x} & F_{F3y} & F_{F3z} \\ \hdashline F_{REP34x} & F_{REP34y} & F_{REP34z} \\ F_{REP35x} & F_{REP35y} & F_{REP35z} \end{bmatrix} \tag{2-3}$$

式中,$\boldsymbol{F}_3$ 中第一行是队形力,第二行和第三行是斥力。第一、二、三列分别为各力在 x,y,z 三轴的分量。

同理,若 R_3 受到友机 $R_4,R_5,\cdots,R_n$ 的斥力,得到 $(n-2) \times 3$ 的虚拟力矩阵:

$$\boldsymbol{F}_3 = \begin{bmatrix} F_{F3x} & F_{F3y} & F_{F3z} \\ \hdashline F_{REP34x} & F_{REP34y} & F_{REP34z} \\ F_{REP35x} & F_{REP35y} & F_{REP35z} \\ \vdots & \vdots & \vdots \\ F_{REP3nx} & F_{REP3ny} & F_{REP3nz} \end{bmatrix} \tag{2-4}$$

式中,第一行中的元素为无人机 R_3 受到的队形力分量,其余各行为 R_3 受到的友机斥力在机体三轴的分量。

令

$$\left. \begin{aligned} F_{3X} &= \sum_{i=1}^{n-2} |F_3(i,1)| \\ F_{3Y} &= \sum_{i=1}^{n-2} |F_3(i,2)| \\ F_{3Z} &= \sum_{i=1}^{n-2} |F_3(i,3)| \end{aligned} \right\} \tag{2-5}$$

则队形力和斥力对无人机作用效果为

$$TH_3 = \frac{F_{3X} + F_{3Y} + F_{3Z}}{(n-2) \times 3} \quad (2-6)$$

显然,$0 \leqslant TH_3 \leqslant 1$,并且 TH_3 越小,R_3 态势越优。

2.2.4 威力势的计算

威力反映的是我方战机与敌方战机在当前时刻的作战能力差距,它是双方飞机空战性能和运动状态(能量)的集中体现。

定义飞机的空战性能和能量的计算方法如下[71]。

(1) 空战性能:

$$E_C = 火力 \times 态势感知能力 + 生存能力 + \\ 机动能力 \times 操纵能力 + 作战半径系数 \quad (2-7)$$

(2) 能量:

$$E_E = H + \frac{v^2}{2g} \quad (2-8)$$

式中,H 为飞行高度,v 是飞行速度,g 是重力加速度。

(3) 飞机的威力矢量大小:

$$E = E_E + E_C \quad (2-9)$$

其方向始终与机头指向一致,如图 2-1 中 E_{R3},E_{B1} 所示。图 2-1 中 φ_{31} 和 φ_{13} 是 R_3 和 B_1 的目标方位角,它们是飞机航向与目标线 D 的夹角。

R_3 和 B_1 的威力矢量在目标线上的分量为

$$\left.\begin{array}{l} F_{ER3} = E_{R3}\cos\varphi_{31} \\ F_{EB1} = E_{B1}\cos\varphi_{13} \end{array}\right\} \quad (2-10)$$

可得到 R_3 受到 B_1 的威力势作用为

$$TH_{F31} = \begin{cases} 0, & \varphi_{31} < \varphi_{R3\max},\ \varphi_{13} \geqslant \varphi_{B1\max} \\ \dfrac{F_{EB1}}{F_{EB1} + F_{ER3}}, & \varphi_{31} < \varphi_{R3\max},\ \varphi_{13} < \varphi_{B1\max} \\ \dfrac{E_{EB1}}{E_{B1} + E_{R3}}, & \varphi_{31} \geqslant \varphi_{R3\max},\ \varphi_{13} \geqslant \varphi_{B1\max} \\ 1, & \varphi_{31} \geqslant \varphi_{R3\max},\ \varphi_{13} < \varphi_{B1\max} \end{cases} \quad (2-11)$$

式中,$\varphi_{R3\max}$ 和 $\varphi_{B1\max}$ 分别是为 R_3 和 B_1 的雷达最大搜索方位角。在空战中,当 $\varphi_{31} < \varphi_{R3\max}$,$\varphi_{13} \geqslant \varphi_{B1\max}$ 时,R_3 能够探测到 B_1,B_1 不能探测到 R_3,这种情况下,认为 B_1 对 R_3 的威胁为零;当 $\varphi_{31} < \varphi_{R3\max}$,$\varphi_{13} < \varphi_{B1\max}$ 时,两机迎头飞行,彼此均能探测到对方,此时根据敌我双方空战态势和空战能力进行威胁判断;当 $\varphi_{31} \geqslant \varphi_{R3\max}$,$\varphi_{13} \geqslant \varphi_{B1\max}$ 时,两机均在对方的雷达探测范围之外,通过比较双方威力矢量的大小来进行评估;当 $\varphi_{31} \geqslant \varphi_{R3\max}$,$\varphi_{13} < \varphi_{B1\max}$ 时,R_3 处于被攻击状态,此时受

到的威力势为 1。

2.2.5 综合态势评估结果

结合队形力、斥力和威力，可以得到 R_3 在 B_1 威胁下的态势评估结果为

$$\mathrm{TH}_{31}^{RB} = \omega_1 \mathrm{TH}_3 + \omega_2 \mathrm{TH}_{F31} \qquad (2-12)$$

式中，ω_1 是队形力和斥力的综合权重系数；ω_2 是敌方飞机威力的权重系数，$0 \leqslant \omega_1, \omega_2 \leqslant 1$ 且 $\omega_1 + \omega_2 = 1$，由于 $0 \leqslant \mathrm{TH}_3, \mathrm{TH}_{F31} \leqslant 1$，因此 $0 \leqslant \mathrm{TH}_{31}^{RB} \leqslant 1$；同理，$0 \leqslant \mathrm{TH}_{ij}^{RB} \leqslant 1, 0 \leqslant \mathrm{TH}_{ji}^{BR} \leqslant 1$。

根据式(2-6)，式(2-11)，式(2-12)可以得到 R 方任意第 i 架飞机在 B 方第 j 架飞机威胁下的态势评估结果 TH_{ij}^{RB}。进而可以得到 R 方机群受到的平均威胁为

$$\mathrm{TH}_{RB} = \frac{\sum_{i}^{m}\sum_{j}^{n}\mathrm{TH}_{ij}^{RB}}{m} \qquad (2-13)$$

式中，m 是 R 方的无人机数量，n 是 B 方的无人机数量。同理，得到 B 方无人机受到的平均威胁为

$$\mathrm{TH}_{BR} = \frac{\sum_{i}^{m}\sum_{j}^{n}\mathrm{TH}_{ji}^{BR}}{n} \qquad (2-14)$$

式中，TH_{ji}^{BR} 是 B 方第 j 架飞机在 R 方第 i 架飞机威胁下的态势评估结果。

2.3 空战决策

2.3.1 空战决策的目标函数

设 R 方空战编队中的每架无人机挂载 N_R 枚导弹，那么 R 方总共有 mN_R 枚导弹；B 方每架无人机挂载 N_B 枚导弹，那么 B 方无人机共有 nN_B 枚导弹。

空战决策的目的是通过合理的目标分配，在有限的资源下对敌方造成杀伤，从而使敌方剩余战机相对我方战机的优势最小，我方获得较好的空战态势值。因此，R 方的目标函数为

$$\min E_R = \sum_{i=1}^{m}\sum_{j=1}^{n}(1-P_{Bj})\mathrm{TH}_{ji}^{BR} \qquad (2-15)$$

B 方的目标函数为

$$\min E_B = \sum_{i=1}^{m}\sum_{j=1}^{n}(1-P_{Ri})\mathrm{TH}_{ij}^{RB} \qquad (2-16)$$

式中，P_{Bj} 和 P_{Ri} 分别是无人机 B_j 和 R_i 的生存概率。

如果双方每架战机在第 s 个空战回合能发射 N_{Rs}，N_{Bs} 枚导弹，可以得到约束条件为

$$\text{s. t.} \begin{cases} \sum_{s=1}^{S} N_{Bs} \leqslant N_B \\ \sum_{s=1}^{S} N_{Rs} \leqslant N_R \end{cases} \quad (2-17)$$

约束条件的意义是空战中 B 方和 R 方每架无人机最多能够挂载 N_B，N_R 枚导弹，S 为空战总回合数。

2.3.2 空战决策中的目标分配算法

目标分配的目的是尽量保全己方，杀伤敌方，在有限兵力的情况下充分发挥无人机的作战效能。无人机超视距空战中，指挥中心通过收集空战信息，将需要攻击的敌方目标合理分配给每一架参战飞机；无人机超视距空战的目标分配问题多采用启发式算法进行求解。

文化基因（memetic）算法[72-74]是一种群体智能（swarm intelligence，SI）优化算法，它是基于种群全局搜索和个体局部搜索的混合算法；全局搜索是在整个解空间内进行搜索，局部搜索则是在全局搜索的基础上进行最优个体的局部搜索。文化基因算法可以认为是一种搜索框架，采用不同的全局和局部搜索策略，可以构成不同的文化基因算法。

文化基因（memetic）根据"meme"一词演化产生。Meme 一词最早出现在英国学者 Richard Dawkins 所著的 *The Selfish Gene* 一书中，在这本书中，Meme 是一个信息传播的基本单位。由于信息在传播过程中会因人而异地发生变化，因此，Meme 在信息的传播过程中也会发生相应的变化，具体表现在算法上，就是其局部搜索。

在 1989 年，P. Moscato 和 M. Norman 等人在其发表的文章中正式提出了文化基因算法的概念[72]。到了 1994 年，N. Radcliffe 和 P. Surry 等人发表 *Formal memetic Algorithms* 一文，对文化基因算法进行了比较细致的阐述，并且在文章中说明了文化基因算法的原理。在这之后，文化基因算法受到研究者的广泛关注，并在其理论和应用方面都取得了一定进展。

文化基因算法是将全局搜索策略和局部搜索策略相结合的一种优化方法。通过这样的结合机制，文化基因算法在优化搜索效率上会比一些传统的优化算法快很多。因此，文化基因算法可广泛地应用于优化问题求解领域并且能够获得良好的优化结果。

现分别采用离散差分进化（discrete differential evolution，DDE）算法和邻域

搜索(neighborhood search,NS)算法作为全局搜索算法和局部搜索算法,以构成文化基因算法。

2.3.2.1 全局搜索操作——DDE算法

之所以选择离散差分进化算法来作为其全局搜索算法,是因为该算法具有下述优越性:

(1)DDE算法的适应性较好,不局限于具体的优化问题形式,因此不需要将待优化问题进行烦琐的转化和处理。此外,DDE算法不要求待优化问题连续或可导等一些限制条件,因此在处理一些复杂的非线性问题时,DDE算法能够体现出一定的优势。

(2)DDE算法搜索开始于种群而不是个体,因此算法能够保持多样性,不容易陷入局部最优。

(3)DDE算法的原理较为简单,具体的编程操作不复杂,对DDE算法的改进不存在编程上的困难,因此DDE算法方便修改和组合,在解决具体问题时有利于构造出性能更优的算法。

(4)DDE算法能够将群体搜索和个体搜索进行协调,从而保持搜索信息的快速性和较强的搜索能力。

(5)DDE算法运算速度较快,在相同的精度和实现难度的要求下,同其他优化算法比较,DDE算法运行所花费的时间更短。

DDE算法是一种基于群体进化的优化算法,通过种群内个体间的竞争与合作实现对问题的求解[75,76]。算法的基本步骤如下:

步骤1 在问题的解空间随机初始化种群 $x_1^0, x_2^0, \cdots, x_N^0$,种群中每个个体的维数为 D 维,即 $\boldsymbol{x}_i^0 = [x_{i,1}^0 \quad x_{i,2}^0 \quad \cdots \quad x_{i,D}^0]$,其中,$x_1^0, x_2^0, \cdots, x_N^0$ 的元素均为整数。初始化交叉概率因子 $CR(0 \leqslant CR \leqslant 1)$,设定种群的最大进化代数为 K。

步骤2 如果当前种群为第 k 代,那么该种群内的每个个体 $x_i^k (1 \leqslant i \leqslant N)$,根据如下规则产生下一代的个体 x_i^{k+1}:

(1) 变异操作。常用的变异算子有以下2种:

1)DDE/rand/1/bin 变异算子:在当前种群中随机选择三个个体 x_b^k, x_c^k 和 x_d^k,并且保证 b,c,d 与 i 互不相同,从而可以按照下式生成变异个体 v_i^k:

$$v_i^k = x_d^k + F(x_b^k - x_c^k), \quad 0 \leqslant F \leqslant 2 \qquad (2-18)$$

2)DDE/best/2/bin 变异算子:选取种群中适应值最好的个体 x_{best}^k,再在当前种群中随机选取个体 $x_b^k, x_c^k, x_d^k, x_e^k$,并且保证 b,c,d,e 与 i 互不相同,从而可以按

照下式生成对应的变异个体 v_i^k，则有

$$v_i^k = x_{\text{best}}^k + F(x_b^k - x_c^k + x_d^k - x_e^k), \quad 0 \leqslant F \leqslant 2 \quad (2-19)$$

DDE/rand/1/bin 方案的全局搜索能力强，但是这种算法的收敛速度比较慢，DDE/best/2/bin 方案的局部搜索能力强，收敛速度快，精度高，但这种方法会加大算法陷入局部最优的可能性。将这两种方法相结合，可以得到一种新的变异方法：

选取种群中适应值最好的个体 x_{best}^k，然后在种群中随机选取 $x_b^k, x_c^k, x_d^k, x_e^k$，并且保证其与 x_i^k, x_{best}^k 互不相同，按式(2-20)生成对应的变异个体 v_i^k：

$$v_i^k = \lambda x_i^k + (1-\lambda) x_{\text{best}}^k + F(x_b^k - x_c^k + x_d^k - x_e^k) \quad (2-20)$$

式中，$0 \leqslant F \leqslant 2, \lambda = (K-k)/K$。由于缩放因子 F 的存在，变异个体 v_i^k 可能为小数，故须对 v_i^k 进行四舍五入取整运算。

(2) 交叉操作。为了提高种群的多样性，按式(2-21)生成对应的个体 u_i^k：

$$u_{i,j}^k = \begin{cases} v_{i,j}^k, & \text{rand}(j) \leqslant \text{CR} \\ x_{i,j}^k, & \text{其他} \end{cases} \quad (2-21)$$

式中，$1 \leqslant j \leqslant D$，$\text{rand}(j)$ 为 $[0,1]$ 之内均匀分布的随机数。

为提高算法的收敛速度和精度，可采用指数递增交叉概率因子 CR 的方法[77]，即 CR 随迭代次数的增加而由小变大：

$$\text{CR} = e^{-30(1-k/K)^3} \quad (2-22)$$

(3) 选择操作。利用式(2-23)对试验个体 u_i^k 和原种群个体 x_i^k 的目标函数进行比较，选择目标函数小的作为新种群的个体 x_i^{k+1}：

$$x_i^{k+1} = \begin{cases} u_i^k, & f(u_i^k) < f(x_i^k) \\ x_i^k, & \text{其他} \end{cases} \quad (2-23)$$

步骤3 如果满足算法的终止条件或者达到最大进化代数 K，那么就停止运算，否则返回步骤2。

2.3.2.2 局部搜索操作——NS 算法

NS 算法的搜索过程从一个当前解开始，在当前解的邻域内不断寻找比其更好的解[77]，一旦在邻域内发现更好的解，就以这个更好的解来替代当前解，然后在新的当前解的邻域内重新开始搜索；如果在邻域内不能找到更好的解，那么就结束搜索过程，并以此解作为当前代数的最终解。NS 算法的核心之处在于交换邻域的确定。本章中定义的 NS 交换邻域如图2-5所示。其通过交换任意两个位置上的值来得到一个新解，交换邻域就是这样产生的新解的集合。

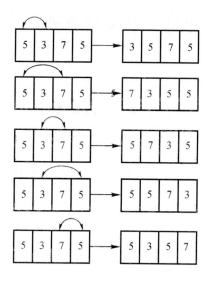

图 2-5 交换邻域生成规则

整个文化基因算法伪代码如下：

Begin precedure
k=1;
Pop(k)=initPop(N×D);
while (k<=K)
Pop′(k)=variation(Pop(k));
    Pop″(k)=crossover(Pop(k),Pop′(k));
    Pop‴(k)=chosen(Pop′(k),Pop″(k));
    Bpop=best(Pop‴(k)); // Bpop is a 1×D matrix
    for i=1:1:D−1
      for j=i+1:1:D
      Bpop=exchange(Bpop(i,j));
      evaluatefitness(Bpop);
      Pop(k+1)=NewPop(Bpop;Pop‴(k));
      end
    end
    k++;
end
end precedure

2.4 空战损耗裁定

2.4.1 两步裁定法

两步裁定法是超视距空战损耗裁定中最常用的一种方法。两步裁定[78]是美国兰德公司提出的一种超视距空战仿真方法,它根据先敌发射率来判断空战双方的攻击顺序,继而分两步进行损耗裁定,基于两步裁定法的损耗计算过程如下:

第一步裁定:先敌发射率高的一方向对方战机发射导弹,然后对方存活下来的战机向其发射导弹,予以还击。

第二步裁定:先敌发射率低的一方向对方发射导弹进行攻击,对方存活下来的战机再还击。

假设 B 方为先敌发射率高的一方,首先发起攻击,那么两步裁定法的损耗计算公式如下:

第一步裁定中:

$$\left. \begin{array}{l} D_{R,1} = \beta^{RB} N_B [1-(1-P_B)^{\frac{N_B M_{BR}}{N_R}}] \\ D_{B,1} = \beta^{RB} N'_R [1-(1-P_R)^{\frac{N'_R M_{RB}}{N_B}}] \end{array} \right\} \quad (2-24)$$

式中,β^{RB} 是 R 方先敌发射率,$D_{R,1}$ 为 R 方飞机在第一步裁定中的毁伤数量的期望值,M_{BR} 是 B 方每架飞机发射的导弹数量;$D_{B,1}$ 为 B 方飞机在第一步裁定中被 R 方反击造成的毁伤数量的期望值,N'_R 为 R 方飞机被 B 方攻击后的剩余数目的期望值,M_{RB} 是 R 方每架飞机发射的导弹数量;P_B 和 P_R 分别是导弹对 B,R 方飞机的杀伤概率。

同理,第二步裁定中:

$$\left. \begin{array}{l} D_{B,2} = (1-\beta^{RB}) N'_R [1-(1-P_R)^{\frac{N'_R M_{RB}}{N'_B}}] \\ D_{R,2} = (1-\beta^{RB}) N'_B [1-(1-P_B)^{\frac{N'_B M_{BR}}{N'_R}}] \end{array} \right\} \quad (2-25)$$

式中,$D_{B,2}$ 为 B 方飞机在第二步裁定中的毁伤数量的期望值;$D_{R,2}$ 为 R 方飞机在第二步裁定中的毁伤数量的期望值;N'_B 为 B 方飞机被 R 方攻击后的剩余数目的期望值。

两步裁定法因其计算量小、考虑因素多、可信性高的特点得到了广泛应用。但是两步裁定法也有其固有的缺点:

(1)没有考虑空战中的目标分配对作战结果的影响;

(2)不能反映出超视距空战中的个体损耗情况。

本章对两步裁定法进行改进,与空战决策相结合,引入目标分配环节,计算超视距空战中的个体损耗,从而能够更加逼真地模拟超视距空战。

2.4.2 先敌发射率

在超视距空战中,先敌发射率是指一方作战飞机先于对方发射超视距空空导弹进行攻击的概率,先敌发射率是决定超视距空战结果的一项关键因素,它与双方作战飞机的态势感知能力、火控系统性能、载机隐身能力、机动能力和作战半径系数等诸多因素有关,同时先敌发射率也与飞机编队队形、敌我空战态势等因素息息相关,先敌发射率越大,毁伤对方的概率也随之增大,自身生存能力也能够得到相应的提高。

在超视距空战中,可根据态势评估结果计算先敌发射率。若 $TH_{BR} \leqslant TH_{RB}$,则先敌发射率为

$$\left. \begin{array}{l} \beta^{BR} = 0.5 + 0.5\left(\dfrac{TH_{RB} - TH_{BR}}{TH_{RB}}\right)^{0.2} \\ \beta^{RB} = 1 - \beta^{BR} \end{array} \right\} \quad (2-26)$$

当 $TH_{BR} > TH_{RB}$ 时,先敌发射率为

$$\left. \begin{array}{l} \beta^{RB} = 0.5 + 0.5\left(\dfrac{TH_{RB} - TH_{BR}}{TH_{RB}}\right)^{0.2} \\ \beta^{BR} = 1 - \beta^{RB} \end{array} \right\} \quad (2-27)$$

在超视距空战中,先敌发射率高的一方被判定为首先开火。

2.4.3 超视距空战的损耗模型

超视距空战的损耗计算在改进两步裁定法的基础上进行,具体是将目标分配引入两步裁定法,并且以机群编队中每个无人机个体的存活概率代替整个机群的损耗情况。

设 B 方机群的先敌发射率大于 R 方机群的先敌发射率,在第一步裁定中,B_j 将一枚导弹分配给 R_i,那么目标 R_i 受到攻击以后的存活概率 P'_{Ri} 可表示为

$$P'_{Ri} = P_{Ri}(1 - \beta_{ji}^{BR} P_{Bj} P_{KR}) \quad (2-28)$$

式中,P_{Ri} 为受到这次攻击之前 R_i 的存活概率,P_{Bj} 为攻击 R_i 时无人机 B_j 的存活概率,P_{KR} 是 B_j 挂载导弹对 R_i 的杀伤率。

由此得到目标 R_i 在遭受 J_i 枚导弹攻击后的生存概率为

$$P'_{Ri} = P_{Ri} \prod_{j=1}^{J_i} (1 - \beta_{ji}^{BR} P_{Bj} P_{KR}) \quad (2-29)$$

假设作战双方的无人机在开始空战时的存活概率均为 1,则以式(2-29)为基础,可以得到在空战裁定中无人机的存活概率计算公式。如果 B 方为先敌发射率高的一方,首先发起攻击,那么改进的两步裁定法损耗计算公式如下:

第一步裁定中,无人机的存活概率为

$$\left.\begin{array}{l} P_{Ri,1} = \prod_{j=1}^{J_{i,1}} (1 - \beta_{ji}^{BR} P_{KR}) \\ P_{Bj,1} = \prod_{i=1}^{I_{j,1}} (1 - \beta_{ij}^{RB} P_{Ri,1} P_{KB}) \end{array}\right\} \quad (2-30)$$

式中,$P_{Ri,1}$ 为 R_i 在第一步裁定中受到攻击后的存活概率,$P_{Bj,1}$ 为 B_j 在第一步裁定中受到攻击后的存活概率;$J_{i,1}$ 为攻击 R_i 的导弹数量,$I_{j,1}$ 是攻击 B_j 的导弹的总数量;β_{ji}^{BR} 和 β_{ij}^{RB} 分别是 B_j 相对于 R_i 和 R_i 相对于 B_j 的先敌发射率;P_{KB} 和 P_{KR} 是导弹对 B 和 R 的杀伤概率。

同理,第二步裁定中,无人机的存活概率为

$$\left.\begin{array}{l} P_{Bj,2} = P_{Bj,1} \prod_{i=1}^{I_{j,2}} [1 - (1 - \beta_{ij}^{RB}) P_{Ri,1} P_{KB}] \\ P_{Ri,2} = P_{Ri,1} \prod_{j=1}^{J_{i,2}} [1 - (1 - \beta_{ji}^{BR}) P_{Bj,1} P_{KR}] \end{array}\right\} \quad (2-31)$$

式中,各变量含义与第一步裁定中相似。

2.5 仿真分析

设 B 方空战编队有 5 架无人机,R 方空战编队有 6 架无人机,双方每架无人机各挂载 4 枚超视距空空导弹,每架无人机在一个空战回合中最多只能发射 2 枚导弹,导弹杀伤概率分别为 $P_{KB}=0.79$,$P_{KR}=0.71$。设无人机在受到攻击前的存活概率均为 1。当其存活概率小于 0.1 时,将其存活概率置零,认为该无人机被击毁。

由于 $0 \leqslant TH_{i,j}^{RB} \leqslant 1, 0 \leqslant TH_{j,i}^{BR} \leqslant 1$,因此给定空战开始时刻双方的空战态势,见表 2-1 和表 2-2。其中,表 2-1 中数值表示 R_3 无人机在 B 方无人机态势下的态势评估结果,无单位;表 2-2 中数据表示 R 方飞机在 B 方下的态势评估结果,无单位。

表 2-1 R 方在 B 方威胁下的空战态势

R 方飞机	B 方飞机				
	1	2	3	4	5
1	0.63	0.65	0.72	0.41	0.64
2	0.65	0.66	0.50	0.73	0.56
3	0.68	0.69	0.41	0.72	0.63
4	0.47	0.58	0.72	0.51	0.58
5	0.43	0.66	0.67	0.62	0.71
6	0.73	0.74	0.73	0.58	0.68

表 2-2 B 方在 R 方威胁下的空战态势

R 方飞机	B 方飞机				
	1	2	3	4	5
1	0.34	0.43	0.72	0.38	0.39
2	0.70	0.42	0.49	0.46	0.48
3	0.48	0.69	0.51	0.49	0.51
4	0.35	0.63	0.45	0.41	0.44
5	0.56	0.62	0.59	0.78	0.57
6	0.37	0.47	0.43	0.44	0.59

首先计算得到 $TH_{BR}=15.19$，$TH_{RB}=18.69$。因 $TH_{BR}<TH_{RB}$，故 B 方的先敌发射率高，首先发起攻击。

为方便比较，空战决策中的目标分配算法分别采用 DDE 算法与文化基因算法进行，可以得到在两步裁定中，两种优化方法的最优适应度值随时间变化曲线，如图 2-6 和图 2-7 所示。

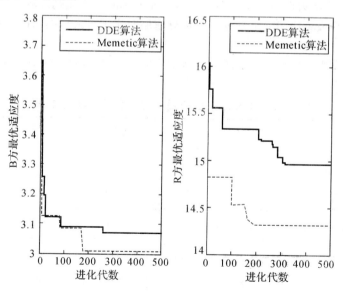

图 2-6 第一步决策中两种算法收敛曲线图

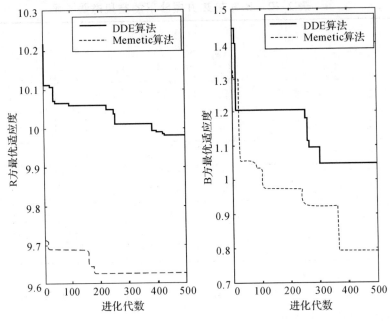

图 2-7 第二步决策中两种算法收敛曲线图

从图 2-6 和图 2-7 中看出,相比 DDE 算法,文化基因算法能够得到质量更好的解,其寻优能力明显高于 DDE 算法,这充分说明了文化基因算法的有效性,相比 DDE 算法,该算法能够更好地从目标分配层面实现无人机编队的超视距空战效能优化。

作战仿真中的目标分配结果和作战双方各个无人机的存活概率见表 2-3 和表 2-4。

表 2-3 B 方无人机的目标分配情况和存活概率

步 骤		无人机编号				
		1	2	3	4	5
第一步	攻击目标	1,3	2,6	6,4	3,2	5,5
	存活概率	0.85	0.60	0.62	0.80	0.97
第二步	攻击目标	2,5	4,5	1,3	4,1	4,4
	存活概率	0.52	0.50	0.46	0.60	0.49

表 2-4　R 方无人机的目标分配情况和存活概率

步骤		无人机编号					
		1	2	3	4	5	6
第一步	攻击目标	3,3	1,1	3,3	2,2	4,4	5,5
	存活概率	0.34	0.13	0.13	0.35	0.15	0.12
第二步	攻击目标	1,5	4,4	4,1	5,3	2,5	2,1
	存活概率	0.22	0	0	0	0	0.12

通过仿真可以看出，B 方在飞机数量和导弹的杀伤率上均处劣势，但是由于其空战态势占优，故其能抢先发射导弹进行攻击，并对 R 方造成严重杀伤；其后 R 方虽然进行了还击，但由于其无人机受损严重，故无法对 B 方进行有效杀伤，最终 R 方被击毁 4 架战机，B 方没有战机被击毁，空战损失比为 0∶4，充分体现了本章所述决策方法的可行性。仿真结果体现了先敌发射率在超视距空战中的重要性，这与超视距空战强调的"先视先射"思想一致。此外，现代空战中，若作战双方能力相差不大，仅仅依靠超视距空战很难完全歼灭对方，剩余的战机将转入近距空战或脱离战斗，这也与本书的仿真结果相符，同时也充分说明了本书仿真方法的真实性。

2.6　本章小结

本章从超视距空战的作战过程分析入手，以作战仿真为方法，对无人机的超视距空战效能进行了研究，主要工作和结论归纳为以下几点：

（1）以人工势场为基础，综合考虑敌我双方作战编队对空战态势的影响，建立了一套涵盖队形力、斥力和威力的评估方法。人工势场法与传统方法的最大不同在于能够反映出编队队形、友机活动半径对我机空战态势的影响。因此，相比传统的贝叶斯法和非参量法，人工势场法考虑因素更多，能够得到更加全面的空战态势评估结果。

（2）空战决策中的目标分配是一个 0-1 整数规划问题，本章结合离散差分进化算法和邻域搜索算法，提出了一种文化基因算法来对这个问题进行处理。具体步骤是先用离散差分进化算法进行全局搜索，然后在全局搜索的基础上用邻域搜索算法进行局部搜索，较单纯的离散差分进化算法而言，文化基因算法提高了搜索过程中算法寻优的精度和收敛速度，从而能够得到更优的决策结果。

（3）对无人机的超视距空战过程进行了模拟，从而在我方攻击决策的基础上加入了敌方反击环节，结合态势评估和目标分配，采用改进的两步裁定法来评估作战双方的个体损耗。通过对空战过程的模拟，可以分析空战态势和目标分配对无人机作战效能的影响。

　　本章的分析和仿真过程表明:准确分析空战态势并根据空战态势,对敌方目标进行合理的攻击排序,提高战机的战场生存能力,有效地杀伤敌机,充分发挥无人机的作战效能具有十分重要的意义。

第三章 诱饵弹干扰下无人机空战的建模与分析

无人机在现代战争中的大量使用,促进了与之对抗的诱饵干扰技术的发展,无人作战飞机和机载诱饵弹作为航空武器中的"矛"与"盾",二者之间的对抗不可避免。空射诱饵弹(miniature air launched decoy,MALD)是一种由载机发射,用于欺骗目标机载或地面雷达,诱骗目标导弹攻击,提高本机战斗力及生存力的新型武器。MALD 可以模拟载机运动特性、红外特征和雷达反射特性,有效引诱和欺骗目标雷达探测设备,使目标雷达探测设备难以发现和识别真实目标。诱饵弹已经成为军用飞机防御空空导弹的一种有效方法。因此,无人机如何在存在诱饵弹干扰的情况下对敌方飞机进行攻击,是一个值得研究的问题。

本章研究诱饵弹干扰下的无人机空战问题。首先在分析机载雷达作战性能的基础上,结合 Lanchester 平方律和多兵种 Lanchester 方程,得到一种改进的无人机作战 Lanchester 方程,来描述诱饵弹干扰下的无人机作战过程。然后以得到的 Lanchester 方程为状态方程,以无人机的攻击阈值为控制变量,结合约束条件进行无人机的攻击策略求解,完成对诱饵弹干扰下无人机空战的效能分析。

3.1 诱饵弹干扰下的空战问题描述

迄今为止,国内外的研究者对飞机作战中的空战干扰问题和干扰中的空战决策问题进行了大量有价值的研究。文献[79]研究了多架无人机的协同干扰空战决策问题,分析了协同干扰整体作战性能;文献[80]针对单机空战中由诱饵弹引起的不确定性问题进行了研究,分析了诱饵弹干扰下的战斗机单机对抗策略,但没有给出多机情况下的对抗策略;文献[81]对红外干扰情况下飞机的击中概率问题进行了研究;文献[82-84]分析了存在虚假目标干扰时,无人机的攻击决策问题。

上述工作虽然对诱饵弹干扰下的空战问题进行了研究,但是这些工作的研究对象都是一架或者多架飞机,对于几十架甚至上百架飞机参与的大规模空战问题,这些方法将导致异常复杂的计算。因此,对于大规模空战问题,往往从系统的角度对作战过程分析,而 Lanchester 方程则是系统分析作战过程的一种有效方法。

3.1.1 作战想定

给定无人机的空战过程如下:作战双方分别为红方(R 方)和蓝方(B 方),R 方为歼击型无人机,无人机携带空空导弹,B方同样是歼击型无人机,无人机携带空空导弹和诱饵弹。双方在空中遭遇后,B机迅速释放携带的诱饵弹,意在干扰R方飞机的攻击决策。由于现今的诱饵弹很难完全模仿作战飞机,因此,对于R方的机载传感装置(比如火控雷达)来说,诱饵弹不是不可分辨的。R方需要尽可能地分辨出诱饵弹和B方飞机,确定攻击目标。由于B方诱饵弹的存在,R方不应该攻击每一个遇到的B方目标,而是需要给定一个最优的攻击概率。我们可以将这个攻击概率看作是一个攻击阈值,当传感器得到的目标信息与无人机的相似度高于这个值时,对目标进行攻击,反之不攻击。这样就可以尽量少攻击诱饵弹,尽可能多地杀伤B方飞机。

3.1.2 机载传感装置的性能建模

当R方无人机发现一个B方目标之后,可能发生以下4种情况:

第一种情况:正确识别一个真目标(B方飞机),概率为 P_{TR};

第二种情况:将真目标识别为假目标(诱饵弹),概率为 $1-P_{TR}$;

第三种情况:正确识别一个假目标,概率为 P_{FTR};

第四种情况:将假目标识别为真目标,概率为 $1-P_{FTR}$。

概率 P_{TR} 和 P_{FTR} 并不是独立的,二者之间的关系可用下式表示[82-84]:

$$1-P_{FTR}=\frac{P_{TR}}{(1-c)P_{TR}+c} \qquad (3-1)$$

式中,参数 $c \in [1, 1\,000]$,它的取值与传感器性能和数据处理算法相关,从式(3-1)可以看出,P_{TR} 的增加,必然导致 $1-P_{FTR}$ 的增加。根据式(3-1),可以给出不同传感器性能参数,正确识别一个真目标并将假目标识别为真目标二者之间的关系,如图3-1所示。

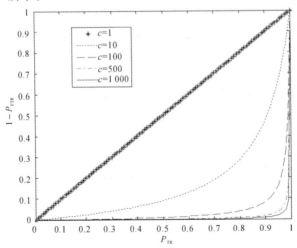

图3-1 不同传感器性能参数下的真假目标判别关系图

根据式(3-1)和图3-1发现,只有当$c=1$时,二者之间是线性关系,并且c越大,同等P_{TR}下的$1-P_{FTR}$越小。这说明c越大,判别效果越好。c取值较大时,P_{TR}一旦大于某个值,$1-P_{FTR}$将会迅速上升。

3.2 诱饵弹干扰下的Lanchester空战模型

Lanchester方程为英国工程师F. W. Lanchester所创。F. W. Lanchester构建Lanchester方程的灵感来源于第一次世界大战期间战斗机之间的空战,目的是研究作战中集中火力的重要性。Lanchester方程问世以后,研究人员用它来对历史上的一些战斗进行分析,结果往往与实际作战结果吻合,这证明了Lanchester方程的合理性[85]。在空战中,文献[86,87]采用Lanchester方程的方法分别对诱饵弹支援下的作战飞机突防和反舰导弹突防过程中的效费比和实效性进行了分析,但是没有给出合适的对抗策略;文献[88]则是从飞机作战效能的角度出发,得到了数据链支援下的空战能力计算方法,并且分析了等效实力比和不同增援时刻对空战进程的影响。

3.2.1 经典Lanchester方程

经典的Lanchester方程是所有改进Lanchester方程的基础,因此在介绍诱饵弹干扰下Lanchester作战方程之前,有必要对经典Lanchester方程进行介绍。由于经典Lanchester方程是在现代高技术武器出现之前提出的,因此它满足以下几条假设条件:

假设1 战斗双方都可完全利用他们的数量优势。
假设2 战斗成员数目相当多,可以作为连续变量进行处理。
假设3 每一方只有一种使用同类武器的战斗成员。
假设4 只考虑可量化的因素,如单个战斗成员的平均作战效能和战斗成员数;忽略不可量化的士气因素,如心理素质、战斗意志、对领导的信任、坚定性、坚持性及健康状况等影响。

经典Lanchester方程中,线性律和平方律是两种最为常见的Lanchester方程。

3.2.1.1 线性律

假设红方为相同作战单位,初始时刻的数量为R_0,蓝方战斗单位也相同,其数量为B_0。

Lanchester方程线性律满足假设1~4,比如对远距离某山区或山脊的敌人进行排枪射击、向远处的鸟群开枪等这样的散弹火力攻击目标等情况都属于

Lanchester 方程线性律,Lanchester 方程线性律排除了火力集中的可能性。在上述假设下,Lanchester 方程为

$$\left.\begin{array}{l}\dfrac{\mathrm{d}R}{\mathrm{d}t}=-\alpha BR \\ \dfrac{\mathrm{d}B}{\mathrm{d}t}=-\beta BR\end{array}\right\} \quad (3-2)$$

式中,t 为时间;R 为红方在时刻 t 的战斗单位数量;B 为蓝方在时刻 t 的战斗单位数量;α 为蓝方每个战斗单位的平均战斗力;β 为红方每个战斗单位的平均战斗力。这里的平均战斗力指的是战斗单位的战斗效能,亦可称之为毁伤系数、损耗系数。

3.2.1.2 平方律

在上述 4 个假设基础上,如果作战双方还满足以下两条假设,那么这时应该采用 Lanchester 平方律:

假设 5 双方兵力相互暴露,瞄准目标不成问题。

假设 6 对所有战斗成员进行直接瞄准射击的火力是均匀分布的,且可确定对方哪些成员已被消灭。

在满足假设 1~6 的前提下,Lanchester 平方律方程为

$$\left.\begin{array}{l}\dfrac{\mathrm{d}R}{\mathrm{d}t}=-\alpha B \\ \dfrac{\mathrm{d}B}{\mathrm{d}t}=-\beta R\end{array}\right\} \quad (3-3)$$

当双方实力相等时,可得

$$\alpha B^2 = \beta R^2 \quad (3-4)$$

式(3-4)表明,当战斗单位数量的二次方与单个战斗单位平均战斗力的乘积相等时,作战双方的总战斗实力是相等的。也就是说,一支部队的战斗力可以定义成与战斗单位数量的平方和单个战斗单位平均战斗力成正比的一个量。对式(3-4)积分,可以得到 Lanchester 方程平方律的状态解,即

$$\alpha(B_0^2 - B^2) = \beta(R_0^2 - R^2) \quad (3-5)$$

当双方实力不相等时,假设红方战斗实力大于蓝方,可以通过计算得到双方单位的剩余数量和战斗结束时刻等信息,下面给出具体的推导过程。

将式(3-3)进行拉氏变换得到

$$\left.\begin{array}{l}sB(s)+\beta R(s)-B_0=0 \\ \alpha B(s)+sR(s)-R_0=0\end{array}\right\} \quad (3-6)$$

整理得到

$$R(s) = \frac{sR_0 - \alpha B_0}{s^2 - \alpha\beta}$$
$$B(s) = \frac{sB_0 - \beta R_0}{s^2 - \alpha\beta}$$
(3-7)

将上式进行拉氏反变换得到战斗过程中双方的剩余战斗单位数量,即

$$R(t) = \frac{1}{2}\left[\left(R_0 - \sqrt{\frac{\alpha}{\beta}}B_0\right)e^{\sqrt{\alpha\beta}t} + \left(R_0 + \sqrt{\frac{\alpha}{\beta}}B_0\right)e^{-\sqrt{\alpha\beta}t}\right]$$
$$B(t) = \frac{1}{2}\left[\left(B_0 - \sqrt{\frac{\beta}{\alpha}}R_0\right)e^{\sqrt{\alpha\beta}t} + \left(B_0 + \sqrt{\frac{\beta}{\alpha}}R_0\right)e^{-\sqrt{\alpha\beta}t}\right]$$
(3-8)

令 $B(t)=0$,得到战斗持续时间:

$$t_f = \frac{1}{2\sqrt{\alpha\beta}} \ln\left(\frac{\sqrt{\beta}R_0 + \sqrt{\alpha}B_0}{\sqrt{\beta}R_0 - \sqrt{\alpha}B_0}\right) \quad (3-9)$$

同时可以得到在战斗结束时刻,红方剩余兵力为

$$R_f = \sqrt{R_0^2 - \frac{\alpha}{\beta}B_0^2} \quad (3-10)$$

若令 $x=1-R/R_0$,为红方战斗单位的消耗率,$y=B/B_0$,表示蓝方战斗单位的剩余率,$L=\beta R_0^2/\alpha B_0^2$,表示战役优势参数即红方和蓝方战斗实力之比。那么可以看出,当 $L>1$ 时红方占优,当 $L<1$ 时蓝方占优,当 $L=1$ 时两军等势。

将 y 代入式(3-5),进行整理得到

$$\frac{\alpha}{\beta}\frac{B_0^2}{R_0^2}(1-y^2) = \left(1-\frac{R}{R_0}\right)^2 + 2\frac{R}{R_0}\left(1-\frac{R}{R_0}\right) \quad (3-11)$$

将 x,L 代入式(3-11),整理后得到

$$y = \left[1 - 2Lx\left(1-\frac{x}{2}\right)\right]^{\frac{1}{2}} \quad (3-12)$$

当蓝方战斗实力大于红方时,分析过程与结果类似。

3.2.2 改进 Lanchester 方程

随着作战样式的不断变化,尤其是信息战、电子战的发展,在用传统的 Lanchester 方程解决现代战争预测问题时,必然存在一些局限,因此,许多军事专家和研究人员在经典 Lanchester 方程的基础上进行了改进和发展,如美国兰德公司的 Richard Darilek 等人开发了用于描述信息战的混合型 Lanchester 方程,考虑 C^4ISR 系统作用的 Lanchester 方程、带有士气的 Lanchester 方程。同时由多种装备混合交战时的多兵种 Lanchester 方程和基于 Lanchester 方程的战术决策优化等问题都有了新进展。

为了能够准确描述诱饵弹干扰下的无人机空战,本节在 Lanchester 平方律和

多兵种 Lanchester 方程的基础上,提出了一种改进的 Lanchester 方程来对空战过程进行建模分析,下面首先介绍一下多兵种 Lanchester 方程。

3.2.2.1 多兵种 Lanchester 方程

经典 Lanchester 方程中交战双方为单一兵种,对于每一方来说都只计算一个兵力总和,但是实际上,作战双方往往不是单一兵力,对于某一方或作战双方是多兵种作战的情况,必须考虑到不同兵种之间的攻击,并且要考虑用于攻击对方各个兵种的兵力分配比例。多兵种交战情况下的 Lanchester 方程(也称多元 Lanchester 方程)表达式为

$$\left.\begin{array}{l} \bar{B}_i = -\sum_{j=1}^{n} \beta_{ij}\phi_{ij}R_j \quad i=1,2,\cdots,m \\ \bar{R}_j = -\sum_{i=1}^{m} \alpha_{ji}\psi_{ji}B_i, \quad j=1,2,\cdots,n \end{array}\right\} \quad (3-13)$$

其中,蓝方有 m 类作战单位 $l_1,l_2,\cdots,l_m$,红方有 n 类作战单位 $k_1,k_2,\cdots,k_n$。各作战单位的数量分别为 $B_1,B_2,\cdots,B_m$ 及 $R_1,R_2,\cdots,R_n$。对每一个 $i \in \{1,2,\cdots,m\}$,$j \in \{1,2,\cdots,n\}$,l_i 用于攻击 k_j 的比例为 ψ_{ji},l_i 用于攻击 k_j 时的毁伤系数为 α_{ji};k_j 用于攻击 l_i 的比例为 ϕ_{ij},k_j 对 l_i 的毁伤系数为 β_{ij}。式(3-13)中表示 l_i 的总毁伤率为红方各类作战单位对 l_i 的毁伤率之和;同样,k_j 的总毁伤率为蓝方各类作战单位对 k_j 的毁伤率之和。

式(3-13)中的符号应满足

$$\left.\begin{array}{l} \alpha_{ij} \geqslant 0, \beta_{ij} \geqslant 0, \quad i=1,2,\cdots,m, \quad j=1,2,\cdots,n \\ \psi_{ij} \geqslant 0, \phi_{ij} \geqslant 0, \quad i=1,2,\cdots,m, \quad j=1,2,\cdots,n \end{array}\right\} \quad (3-14)$$

以及

$$\left.\begin{array}{l} \sum_{j=1}^{n} \psi_{ij} = 1, \quad i=1,2,\cdots,m \\ \sum_{i=1}^{m} \phi_{ji} = 1, \quad j=1,2,\cdots,n \end{array}\right\} \quad (3-15)$$

结合 Lanchester 方程平方律和多兵种 Lanchester 方程,可得诱饵弹干扰下的 Lanchester 空战方程。

3.2.2.2 诱饵弹干扰下的 Lanchester 空战方程

首先根据 Lanchester 平方律,可得 R 方无人飞机的数量随时间变化的微分方程为

$$\frac{\mathrm{d}R(t)}{\mathrm{d}t} = -\beta B_1(t) \quad (3-16)$$

式中，$R(t)$ 代表 t 时刻的 R 方无人机数量期望；β 是 B 方飞机的导弹对 R 方飞机的期望杀伤个数，显然，$0<\beta<1$；$B_1(t)$ 为 t 时刻的 B 方无人机数量期望。

然后，根据多兵种 Lanchester 方程，可得 B 方无人机和诱饵弹数量随时间的变化情况为

$$\left.\begin{aligned}\frac{\mathrm{d}B_1(t)}{\mathrm{d}t}&=-\alpha_1 R(t)P_{\mathrm{TA}}\\ \frac{\mathrm{d}B_2(t)}{\mathrm{d}t}&=-\alpha_2 R(t)P_{\mathrm{FTA}}\end{aligned}\right\} \quad (3-17)$$

式中，α_1 是 R 方飞机每一枚导弹对 B 方飞机的期望杀伤个数，$0<\alpha_1<1$；P_{TA} 是 R 方飞机遭遇 B 方作战飞机并正确判别进行攻击的概率；$B_2(t)$ 代表 t 时刻 B 方诱饵弹的数量期望；α_2 是 R 方每一枚导弹对 B 方诱饵的期望杀伤个数，$0<\alpha_2<1$；P_{FTA} 是 R 方飞机遭遇诱饵弹并错误判断，攻击 B 方诱饵弹的概率。

显然，P_{TA} 和 P_{FTA} 是两个条件概率，其计算方法为

$$\left.\begin{aligned}P_{\mathrm{TA}}&=\frac{B_1(t)}{B_1(t)+B_2(t)}P_{\mathrm{TR}}\\ P_{\mathrm{FTA}}&=\frac{B_2(t)}{B_1(t)+B_2(t)}(1-P_{\mathrm{FTR}})=\frac{B_2(t)}{B_1(t)+B_2(t)}\frac{P_{\mathrm{TR}}}{(1-c)P_{\mathrm{TR}}+c}\end{aligned}\right\} \quad (3-18)$$

将式(3-18)代入式(3-17)，并令 $x=R(t),y_1=B_1(t),y_2=B_2(t)$，可得

$$\left.\begin{aligned}\frac{\mathrm{d}y_1(t)}{\mathrm{d}t}&=-\alpha_1 x(t)\frac{y_1(t)}{y_1(t)+y_2(t)}P_{\mathrm{TR}}\\ \frac{\mathrm{d}y_2(t)}{\mathrm{d}t}&=-\alpha_2 x(t)\frac{y_2(t)}{y_1(t)+y_2(t)}\frac{P_{\mathrm{TR}}}{(1-c)P_{\mathrm{TR}}+c}\end{aligned}\right\} \quad (3-19)$$

联合 R，B 双方兵力的损耗计算公式，可得描述双方兵力变化情况的 Lanchester 方程为

$$\left.\begin{aligned}\frac{\mathrm{d}x(t)}{\mathrm{d}t}&=-\beta y_1(t)\\ \frac{\mathrm{d}y_1(t)}{\mathrm{d}t}&=-\alpha_1\frac{x(t)y_1(t)}{y_1(t)+y_2(t)}P_{\mathrm{TR}}\\ \frac{\mathrm{d}y_2(t)}{\mathrm{d}t}&=-\alpha_2\frac{x(t)y_2(t)}{y_1(t)+y_2(t)}\frac{P_{\mathrm{TR}}}{(1-c)P_{\mathrm{TR}}+c}\end{aligned}\right\} \quad (3-20)$$

由式(3-20)可知，R 方的无人机可以通过调节攻击概率 P_{TR} 来改变 P_{TA} 和 P_{FTA}，进而影响作战进程，故可称 P_{TR} 为 R 方无人机的攻击阈值。通过调节攻击阈值 P_{TR}，R 方可在一定约束下完成对 B 方飞机的最大杀伤。

3.3 静态攻击阈值优化的建模及求解

若攻击阈值 P_{TR} 为常数,那么这是一个静态攻击阈值控制问题,可以采用启发式进化算法来对问题进行求解。如果 P_{TR} 为常数,式(3-20)还可以进行化简,消掉一个微分方程,进而降低计算的复杂度。

3.3.1 Lanchester 方程的化简

将式(3-20)中的第二项除以第三项,可得

$$\frac{\mathrm{d}y_1(t)}{\mathrm{d}y_2(t)} = \frac{\alpha_1}{\alpha_2} \frac{y_1(t)}{y_2(t)}[(1-c)P_{TR}+c] \quad (3-21)$$

两边同时除以 $\mathrm{d}t$,整理,得

$$\frac{1}{y_1(t)}\frac{\mathrm{d}y_1(t)}{\mathrm{d}t} = \frac{\alpha_1}{\alpha_2}[(1-c)P_{TR}+c]\frac{1}{y_2(t)}\frac{\mathrm{d}y_2(t)}{\mathrm{d}t} \quad (3-22)$$

然后两边从 0 到 t 积分,则有

$$\ln y_1(t) - \ln y_1(0) = \frac{\alpha_1}{\alpha_2}[(1-c)P_{TR}+c][\ln y_2(t) - \ln y_2(0)] \quad (3-23)$$

整理,得

$$y_1(t) = y_1(0)\left(\frac{y_2(t)}{y_2(0)}\right)^{\frac{\alpha_1}{\alpha_2}[(1-c)P_{TR}+c]} \quad (3-24)$$

式(3-24)给出了 $y_1(t)$ 和 $y_2(t)$ 之间的关系。可以看出,在静态的攻击阈值下,$y_1(t)$ 和 $y_2(t)$ 必定同时取零,这意味着若要全部消灭敌方飞机,则必须同时全部消灭敌方诱饵弹。这与 P_{TR} 的取值无关。

将式(3-24)代入式(3-20),可得

$$\left.\begin{aligned}\frac{\mathrm{d}x(t)}{\mathrm{d}t} &= -\beta y_1(0)\left(\frac{y_2(t)}{y_2(0)}\right)^{\frac{\alpha_1}{\alpha_2}[(1-c)P_{TR}+c]} \\ \frac{\mathrm{d}y_2(t)}{\mathrm{d}t} &= -\alpha_2 x(t) \frac{y_2(t)}{y_1(0)\left(\frac{y_2(t)}{y_2(0)}\right)^{\frac{\alpha_1}{\alpha_2}[(1-c)P_{TR}+c]}+y_2(t)} \frac{P_{TR}}{(1-c)P_{TR}+c}\end{aligned}\right\}$$

$$(3-25)$$

相比式(3-20),式(3-25)中的 $y_1(t)$ 由 $y_2(t)$ 代替,从而消去一个未知变量,减少了计算的复杂度。

3.3.2 静态攻击阈值优化模型

R 方无人机的作战目标是通过调整 P_{TR} 来尽可能多地杀伤 B 方的作战飞机,

即 R 方攻击阈值优化的目标函数为

$$J = y_1(T) \tag{3-26}$$

式中,T 为战斗持续时间,R 方作战目标是使 J 取得最小值,使 B 方飞机在战斗结束时的数量最小。

同时需要给定优化模型的约束条件,即战斗结束时刻 B 方诱饵弹剩余数量大于等于某个常数 M,即

$$y_2(T) \geqslant M \tag{3-27}$$

此外,还须给定双方的兵力约束:

$$\left. \begin{array}{l} x(t) \geqslant 0, \quad t \in [0,T] \\ y_1(t) \geqslant 0, \quad t \in [0,T] \\ y_2(t) \geqslant 0, \quad t \in [0,T] \end{array} \right\} \tag{3-28}$$

这是一个静态的带约束条件的连续优化问题,可采用进化算法来对此问题进行求解。

3.3.3 攻击阈值优化求解算法

3.3.3.1 常用进化算法之间的对比分析

遗传算法(genetic algorithm,GA)、蚁群算法[89](ant colony optimization, ACO)、粒子群算法[90](particle swarm optimization,PSO)、人工蜂群算法 (artificial bee colony algorithms,ABC)和差分进化算法(differential evolution, DE)均属于进化算法,它们都是基于种群迭代来完成寻优过程的概率搜索算法,这五种算法广泛应用于参数寻优。其中,GA 是最通用的进化算法,而 ACO、PSO、ABC 和 DE 一样,都是非常流行的进化算法。相关文献[91-143]对这 5 种算法的优缺点及适用范围进行了归纳与比较,具体如下:

(1)遗传算法。优点:收敛速度快,通用性强。缺点:易早熟收敛、在迭代后期收敛速度慢(尤其是高维、高精度优化问题)。适用范围:求解组合优化问题和连续优化问题。

(2)蚁群算法。优点:通过蚂蚁个体之间的信息素共享来完成反馈,从而能够有效提高算法寻优的效率。缺点:在算法的初始时刻,由于信息素的缺乏,个体的搜索比较盲目,从而导致算法收敛较慢;同时由于算法中信息素的更新能力不强,该算法容易收敛到局部最优解,从而停滞;此外,当待求解问题的规模比较大时,蚁群算法效率将会降低。适用范围:主要用于求解组合优化问题,还可以用来求解一些连续的优化问题。

(3)粒子群算法。优点:算法收敛较快,需要调整的参数少。缺点:该算法的种群多样性在后期难以保持,因而容易得到局部最优的解,并且该算法的精度不是很

高。适用范围:可以求解一些连续优化问题,并且可以用来求解组合优化问题。

(4)人工蜂群算法。优点:存在分工机制和个体之间的合作劳动,蜜蜂个体按照分工的不同,选取不同的寻优搜索方法,最终通过个体之间的相互协作完成最优解的搜索,从而能够提高全局搜索速度。缺点:该算法在最优解附近的收敛速度明显变慢,并且该算法种群的多样性不强,有时候得到的解为局部的最优解。适用范围:求解连续优化问题和组合优化问题(包括一些复杂的优化问题)。

(5)差分进化算法。优点:算法搜索开始于种群而不是个体,因此算法能够保持多样性,不容易陷入局部最优;而且该算法的适应性较好,不局限于具体的优化问题形式,因此不需要将待优化问题进行烦琐的转化和处理;此外,该算法不要求待优化问题连续或可导等一些限制条件,因此在处理一些复杂的非线性问题时,能够体现出一定的优势。缺点:与其他进化算法一样容易限入局部最优,存在早熟收敛现象,但是通过增加种群的规模,局部最优和早熟收敛能够得到很好的抑制。适用范围:求解多峰、非凸形等形式较为复杂的非线性函数的优化问题。

由于描述无人机空战的 Lanchester 方程具有比较强的非线性,并且攻击阈值对精度的要求较高,因此,这里采用差分进化算法来对无人机的攻击阈值控制问题进行处理。

3.3.3.2 差分进化算法的计算步骤

差分进化算法的基本流程概括如下:

步骤 1 在问题的解空间随机初始化种群 $x_1^0, x_2^0, \cdots, x_N^0$,其中每个个体的维数为 D 维,即 $\boldsymbol{x}_i^0 = [x_{i,1}^0 \quad x_{i,2}^0 \quad \cdots \quad x_{i,D}^0]$。初始化交叉概率因子为 CR($0 \leqslant CR \leqslant 1$),设定种群的最大进化代数为 K。

步骤 2 假设当前种群为第 k 代,对于该种群内每个个体 $x_i^k(1 \leqslant i \leqslant N)$,根据以下规则产生下一代个体 x_i^{k+1}:

(1)变异操作:在当前种群中随机选取 x_b^k, x_c^k,使其与 x_i^k 互不相同,并按式(3-29)生成对应的变异个体 v_i^k:

$$v_i^k = x_i^k + F(x_b^k - x_c^k) \tag{3-29}$$

式中,$0 \leqslant F \leqslant 2$。

(2)交叉操作:为了提高种群的多样性,按下式生成对应个体 u_i^k 的第 j 维:

$$u_{i,j}^k = \begin{cases} v_{i,j}^k, & \text{rand}(j) \leqslant CR \\ x_{i,j}^k, & \text{其他} \end{cases} \tag{3-30}$$

其中,$1 \leqslant j \leqslant D$,rand($j$)为[0,1]之间均匀分布的随机数。

(3)选择操作:利用下式对试验个体 u_i^k 和原种群个体 x_i^k 的目标函数进行比较,选择目标函数小的作为新种群的个体 x_i^{k+1}:

$$x_i^{k+1}=\begin{cases}u_i^k, & f(u_i^k)<f(x_i^k)\\ x_i^k, & \text{其他}\end{cases} \qquad (3-31)$$

步骤 3 如果满足算法终止条件或达到最大进化代数 K，则算法停止；否则，返回步骤 2。

差分进化算法的算法流程可用图 3-2 表示。

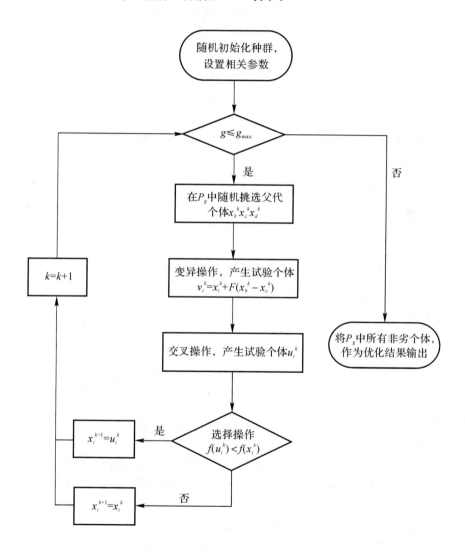

图 3-2 差分进化算法流程图

差分进化算法是一种基于群体进化的规划算法，通过个体间的合作与竞争来实现对优化问题的求解，按照上述步骤，可以求得 R 方无人机的静态攻击阈值。

3.3.4 仿真分析

给定作战双方的参战兵力分别为 $x(0)=400, y_1(0)=250, y_2(0)=500$,战斗持续时间 $T=20$ min。Lanchester 方程中的参数和优化过程中的相关参数设置见表3-1。

表 3-1 作战双方的参数设置

参 数	α_1	α_2	β	c	M
取值	0.48	0.59	0.33	100	80

用差分进化算法进行优化,得到目标函数随迭代次数变化如图3-3所示。

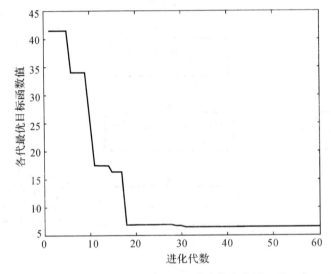

图 3-3 目标函数随迭代次数变化图

由图 3-3 可以看出,差分进化算法能够在第 45 代收敛到攻击阈值的最优解,收敛的速度较为快速。最终经过计算得到优化的目标函数,即 B 方剩余无人机数量期望为 44.5 架。

同时得到各代的最优攻击阈值 P_{TR} 随时间变化,如图 3-4 所示。

最终,优化得到的 R 方无人机的攻击阈值较高,具体数值为 $P_{TR}=0.9853$,这说明在给定初始条件下 R 方需要采取相对积极的攻击策略,同时大量杀伤 B 方的作战飞机和诱饵弹。此时,可以得到 R 方无人机数量和 B 方无人机、诱饵弹数量随作战时间的变化关系如图 3-5 所示。

图 3-5 中,在战斗结束时刻 R 方无人机数量期望为 25.83,剩余的 B 方作战飞机数量期望为 6.57,诱饵弹数量期望为 80.88,满足约束条件。从战斗过程来看,由于兵力的损耗带来的攻击能力损失,作战双方无人机的损耗速度随时间的推移而逐渐减小。

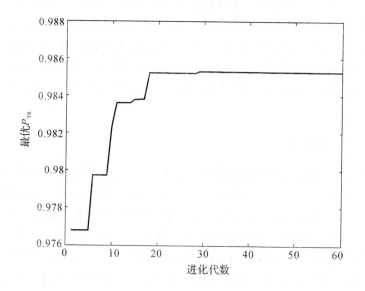

图 3-4 最优攻击阈值随迭代次数变化图

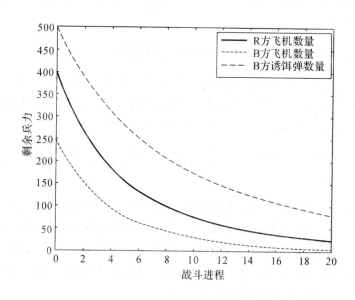

图 3-5 双方兵力随时间变化图

3.4 自杀式无人机的空战模型及攻击阈值分析

本章前3节对无人机携带武器进行空战这种情况进行了分析,但是由于技术方面的原因,现今的无人机还很难像有人机那样挂载导弹进行空战,而以无人机自身作为武器来对敌机进行杀伤,则是一种可供选择的方案,同时也可以将一些退役的作战飞机进行改装,使其成为自杀式的无人机,从而大大提高装备飞机的使用效率。因此,本节对自杀式无人机的空战模型及其相应的攻击阈值控制问题进行分析。

3.4.1 作战想定

给定自杀式无人机的空战过程如下:作战双方分别为红方(R方)和蓝方(B方),R方兵力组成为自杀式无人机,B方兵力组成则是歼击型无人机和伴飞诱饵弹,双方在空中遭遇后,R方无人机对B方的飞机发起自杀式袭击,B方的作战飞机则是在伴飞诱饵弹的掩护下对R方无人机进行攻击。R方无人机一旦攻击B方的战斗机或者诱饵弹,则战斗机或者诱饵弹将会以一个小于1的概率被毁伤,而发起自杀式攻击的R方无人机的毁伤概率则是1。很显然,R方自杀式无人机的合理攻击策略是有选择地进行攻击,而不是攻击每一个遇到的目标,即R方的自杀式无人机需要根据传感器探测到的信息对作战目标进行分辨,排除诱饵弹的干扰,攻击B方飞机。

3.4.2 自杀式无人机的Lanchester作战方程

尽管自杀式无人机的特点和使用方式与普通作战飞机不同,但是二者也有一定的相似之处,都需要对作战目标进行识别,并且描述B方作战飞机和诱饵弹损耗的微分方程不变,但是R方自杀式无人机的损耗方程为

$$\frac{\mathrm{d}x(t)}{\mathrm{d}t} = -\beta y_1(t) - x(t)\frac{y_1(t)}{y_1(t)+y_2(t)}P_{TR} - x(t)\frac{y_2(t)}{y_1(t)+y_2(t)}\frac{P_{TR}}{(1-c)P_{TR}+c}$$

(3-32)

式中,$x(t)$为t时刻的R方无人机数量期望;$y_1(t)$为t时刻的B方飞机数量期望;$y_2(t)$为t时刻的B方诱饵弹数量期望;β是单位时间内B方每架飞机对R方飞机的期望杀伤个数;P_{TR}是R方自杀式无人机的攻击阈值。方程右边第一项代表由于B方飞机攻击造成的R方无人机损耗,第二项是攻击B方飞机造成的R方无人机损耗,第三项是攻击B方诱饵弹造成的损耗。

描述B方兵力损耗的微分方程依然见式(3-19)。由此得到自杀式无人机对

应的 Lanchester 方程为

$$\begin{cases} \dfrac{\mathrm{d}x(t)}{\mathrm{d}t} = -\beta y_1(t) - x(t)\dfrac{y_1(t)}{y_1(t)+y_2(t)}P_{\mathrm{TR}} - x(t)\dfrac{y_2(t)}{y_1(t)+y_2(t)}\dfrac{P_{\mathrm{TR}}}{(1-c)P_{\mathrm{TR}}+c} \\ \dfrac{\mathrm{d}y_1(t)}{\mathrm{d}t} = -\alpha_1 x(t)\dfrac{y_1(t)}{y_1(t)+y_2(t)}P_{\mathrm{TR}} \\ \dfrac{\mathrm{d}y_2(t)}{\mathrm{d}t} = -\alpha_2 x(t)\dfrac{y_2(t)}{y_1(t)+y_2(t)}\dfrac{P_{\mathrm{TR}}}{(1-c)P_{\mathrm{TR}}+c} \end{cases} \quad (3-33)$$

在式(3-33)的基础上,可以进行自杀式无人机的攻击阈值分析。

3.4.3 自杀式无人机的攻击阈值优化模型

R 方自杀式无人机的作战目标是通过调整 P_{TR} 来尽可能多地杀伤 B 方的作战飞机,即优化的目标函数为

$$J = y_1(T) \quad (3-34)$$

式中,T 为战斗持续时间;R 方作战目标是使 J 取得最小值,使 B 方飞机在战斗结束时的数量最小。

给定优化模型的约束条件,在战斗结束时刻,B 方的诱饵弹剩余数量大于等于常数 M,即

$$y_2(T) \geqslant M \quad (3-35)$$

同时考虑实际情况,给定兵力约束:

$$\begin{cases} x(t) \geqslant 0, & t \in [0,T] \\ y_1(t) \geqslant 0, & t \in [0,T] \\ y_2(t) \geqslant 0, & t \in [0,T] \end{cases} \quad (3-36)$$

自杀式无人机与前面提到的歼击型无人机的优化模型大致相同,唯一不同的是二者的状态方程(对应的 Lanchester 空战方程)不一样。

自杀式无人机的攻击阈值优化问题同样是一个带约束的连续优化问题,采用差分进化算法可以对这个问题进行求解。

3.4.4 仿真分析

给定 R,B 双方的参战兵力分别为 $x(0)=900, y_1(0)=150, y_2(0)=400$,给定战斗持续时间 $T=20$ min。Lanchester 方程中的相关参数和优化过程中的相关参数取值见表 3-2。

表 3-2 作战双方的参数取值

参　数	α_1	α_2	β	c	M
取值	0.31	0.38	0.53	100	200

用差分进化算法来对自杀式无人机的攻击阈值进行优化,得到目标函数随迭代次数变化情况,如图3-6所示。

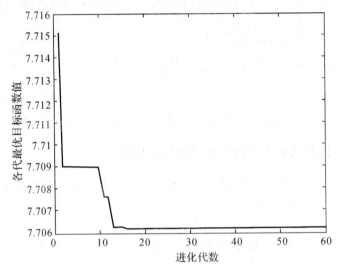

图3-6 各代最优目标函数值随迭代次数变化图

由图3-6可以看出差分进化算法能够在第16代得到最优解,收敛速度较为快速。此时得到的B方剩余飞机数量期望为7.706架。

同时,可以得到在优化过程中各代的最优攻击阈值P_{TR}随时间变化情况,如图3-7所示。

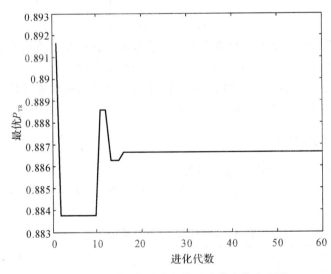

图3-7 各代最优攻击阈值随迭代次数变化图

最终的优化结果为 $P_{TR}=0.8866$。R 方自杀式无人机的攻击阈值比歼击型无人机的攻击阈值低,这是由它们的不同杀伤方式决定的;同时 $P_{TR}=0.8866$ 也是一个比较高的概率,这说明为了最大程度杀伤 B 方飞机,自杀式无人机应当采取比较积极的攻击策略,来保证对 B 方作战飞机的杀伤。

仿真得到的 R 方无人机数量和 B 方飞机、诱饵弹数量随作战时间的变化情况如图 3-8 所示。

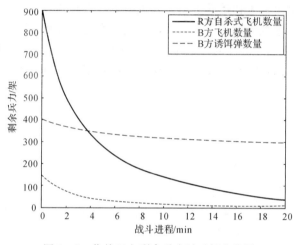

图 3-8 作战双方剩余兵力随时间变化图

在战斗结束时刻,R 方自杀式无人机数量为 38.15,B 方作战飞机数量为 7.71,B 方诱饵弹数量为 296.99,满足给定的约束条件。

从双方兵力的变化情况来看,由于 R 方无人机采取的是自杀式攻击,因此在自杀式袭击和 B 方的打击之下,R 方无人机数量迅速降低;B 方飞机数量则是在初始时刻下降较快,但其损失速度随着时间增长而明显放缓;B 方诱饵弹数量同样是在初始时刻损失较快,但是相对于 R 方无人机和 B 方作战飞机来说,B 方诱饵弹数量变化不大,同时结合 R 方无人机对 B 方诱饵弹的杀伤能力较强这一点分析,说明如果采取合适的攻击阈值,R 方能够较好地避免攻击诱饵弹,从而可以达到火力集中、攻击 B 方作战飞机的目的。

3.5 本章小结

本章对诱饵弹干扰下无人机的攻击阈值控制问题进行了研究,主要工作和得到的结论如下:

(1)首先,对无人机的机载传感装置的作战性能进行建模,得到正确判断目标的概率和错误判断目标的概率之间的关系,并且分析得到增加真目标攻击概率的同时必然会增大攻击假目标的概率。然后,采用一种改进的 Lanchester 方程,建立了诱饵弹干扰下的无人机空战模型,从而将目标识别准确度对作战进程的影响融入 Lanchester 损耗方程之中,随后对 Lanchester 方程进行积分化简,消掉一个未知量,来减小计算的复杂度。

(2)用差分进化算法对诱饵弹干扰下的无人机攻击阈值控制进行优化求解,以尽可能多地杀伤敌方作战飞机为优化目标,以诱饵弹损耗数量为约束条件,进行优化计算,得到了诱饵弹干扰条件下的无人机静态攻击阈值。

(3)对诱饵弹干扰下的自杀式无人机作战过程进行分析,建立了一种诱饵弹干扰下的自杀式无人机 Lanchester 作战方程,然后分析自杀式无人机的攻击阈值,用差分进化算法进行优化,从而得到了诱饵弹干扰下的自杀式无人机攻击阈值。

第四章 诱饵弹干扰下的无人机动态攻击阈值控制

第三章分析了诱饵弹干扰下无人机的静态攻击阈值控制问题。然而在很多情况下,为了完成既定的作战目标或者为了尽可能对敌方造成更大杀伤,空战中的攻击阈值不是一成不变的,而是一个随时间变化的量。这种无人机的动态攻击阈值控制问题实际上是最优控制问题。

本章在第三章无人机空战 Lanchester 方程的基础上,将最优控制方法应用于 Lanchester 方程中的无人机最优攻击阈值控制,具体是以 Lanchester 方程为状态方程,以无人机的攻击阈值为控制变量,得到一个最优控制模型,然后对这个最优控制问题进行求解,从而得到无人机的最优动态攻击阈值。

4.1 作战想定和空战建模

4.1.1 作战想定

给定空战过程如下:作战双方分别为红方(R 方)和蓝方(B 方),R 方无人机携带空空导弹,B 方无人机携带空空导弹和诱饵弹。双方在空中遭遇后,B 机迅速释放诱饵弹,意在干扰 R 方飞机的攻击决策,而 R 方飞机在 B 方诱饵弹的干扰下,根据传感器探测到的信息对作战目标进行分辨,并不断调整攻击阈值,排除诱饵弹干扰,攻击 B 方飞机。也就是说,这种情况下的无人机攻击阈值控制是一个动态过程。

4.1.2 动态攻击阈值下的无人机空战模型

P_{TR}可变时,攻击阈值 P_{TR} 应当记为 $P_{TR}(t)$。考虑 $P_{TR}(t)$ 是一个概率,因此 $0 \leqslant P_{TR}(t) \leqslant 1$。令 $u(t) = P_{TR}(t)$,由第三章的 Lanchester 空战方程可得

$$\left.\begin{aligned}
\frac{\mathrm{d}x(t)}{\mathrm{d}t} &= -\beta y_1(t) \\
\frac{\mathrm{d}y_1(t)}{\mathrm{d}t} &= -\alpha_1 \frac{x(t)y_1(t)}{y_1(t)+y_2(t)} u(t) \\
\frac{\mathrm{d}y_2(t)}{\mathrm{d}t} &= -\alpha_2 \frac{x(t)y_2(t)}{y_1(t)+y_2(t)} \frac{u(t)}{(1-c)u(t)+c}
\end{aligned}\right\} \quad (4-1)$$

现代空战大都以空空导弹作为杀伤武器,在空战中双方能够携带的导弹数量有限,假设 B 方每架飞机可以挂载 N_B 枚导弹,那么由此可以得到此时的 R 方兵力损耗约束为

$$x(0)-x(T)\leqslant y_1(0)N_B\beta \quad (4-2)$$

其中,T 为战斗持续时间,$x(T)\geqslant 0$。同理,若 R 方每架飞机挂载 N_R 枚导弹,则可以计算出 B 方兵力损耗约束:

$$y_1(0)+y_2(0)-y_1(T)-y_2(T)\leqslant x(0)N_R\alpha_{\max} \quad (4-3)$$

式中,$y_1(T)\geqslant 0$,$y_2(T)\geqslant 0$,$\alpha_{\max}=\max\{\alpha_1,\alpha_2\}$。

空战中,R 方希望通过不断调节 $u(t)$ 来实现对 B 方作战飞机的最大杀伤,同时尽可能减小 B 方对 R 方的杀伤,对于 R 方来说这是一个最优控制问题。

4.2 最优控制问题描述

最优控制指的是在一定的约束条件下,对所要控制的系统给予合适的控制作用,从而使被控系统的某一项要求的性能指标达到最优值[144-167]。换句话说,最优控制就是要求解得到合适的控制律,来使被控对象从一个特定的初始状态转移到系统要求的终端状态,从而使系统的性能指标达到最大值或最小值。从数学的角度来看,最优控制的本质是一种求泛函极值的方法,它需要在给定的初始条件约束下,不断调整控制参数,从而使系统的某一项或某几项性能指标达到极值。

4.2.1 最优控制的状态方程

在进行最优控制问题的研究时,通常情况下,是用微分方程(组)来进行建模,描述被控对象。如果用 $x_1(t),x_2(t),\cdots,x_n(t)$ 来表示各状态量,然后用 $u_1(t),u_2(t),\cdots,u_m(t)$ 来表示控制参量,则系统微分方程可表示为

$$\frac{\mathrm{d}x_i}{\mathrm{d}t}=f_i(x_1(t),x_2(t),\cdots,x_n(t),u_1(t),u_2(t),\cdots,u_m(t),t) \quad (4-4)$$

式中,$i=1,2,\cdots,n,m\leqslant n$。式(4-4)可用矢量形式表示为

$$\frac{\mathrm{d}\boldsymbol{X}(t)}{\mathrm{d}t}=\boldsymbol{F}(\boldsymbol{X}(t),\boldsymbol{U}(t),t) \quad (4-5)$$

式中,$\boldsymbol{X}(t)=\begin{bmatrix}x_1(t) & x_2(t) & \cdots & x_n(t)\end{bmatrix}^\mathrm{T}$,代表的是 R^n 空间中的 n 维状态矢量,$\boldsymbol{U}(t)=\begin{bmatrix}u_1(t) & u_2(t) & \cdots & u_m(t)\end{bmatrix}^\mathrm{T}$ 代表的是 R^m 空间中的 m 维控制矢量。$\boldsymbol{F}(\boldsymbol{X}(t),\boldsymbol{U}(t),t)=\begin{bmatrix}f_1(\boldsymbol{X}(t),\boldsymbol{U}(t),t) & f_2(\boldsymbol{X}(t),\boldsymbol{U}(t),t) & \cdots & f_n(\boldsymbol{X}(t),\boldsymbol{U}(t),t)\end{bmatrix}^\mathrm{T}$ 为 n 维矢量函数,是系统的状态方程。

4.2.2 系统状态的初始条件和终端条件

在实际碰到的绝大多数最优控制问题中,系统的初始时刻 t_0 和初始状态 $\boldsymbol{X}_0=$

$[x_{10} \quad x_{20} \quad \cdots \quad x_{n0}]^T$ 是已知的,对应的终端时刻 t_f 和终端状态 $\boldsymbol{X}(t_f) = [x_{1f} \quad x_{2f} \quad \cdots \quad x_{nf}]^T$ 可以固定,也可以自由。

终端条件是指被控系统在控制结束时刻必须满足的约束条件。终端条件一般有固定端点、自由端点和可变端点3种类型。

(1)固定端点研究的是终端时间和状态值都固定的情形,即终端时间 t_f 及其终端状态 $\boldsymbol{X}(t_f)$ 都是给定的。终端固定这种情况是最简单的情形。

(2)自由端点是指最优控制的终端时间固定,而终端状态不受约束的端点。

(3)可变端点是指最优控制的终端时间和系统终端的状态值都可变的端点。但是它同样需要满足一定的限制条件,即

$$\left. \begin{array}{l} N_1[\boldsymbol{X}(t_f), t_f] = 0 \\ N_2[\boldsymbol{X}(t_f), t_f] \leqslant 0 \end{array} \right\} \quad (4-6)$$

上述3种情况概括了最优控制对终端的一般要求。实际上,终端条件规定了系统状态空间时变或者非时变的一个集合,满足终端条件的状态集合称为目标集 Φ,并可表示为

$$\Phi = \{\boldsymbol{X}(t_f): \boldsymbol{X}(t_f) \in \mathbb{R}^n, \quad N_1[\boldsymbol{X}(t_f), t_f] = 0, N_2[X(t_f), t_f] \leqslant 0\} \quad (4-7)$$

4.2.3 系统控制域

一般情况下,控制系统中的输入变量 $\boldsymbol{U}(t) = [u_1(t) \quad u_2(t) \quad \cdots \quad u_m(t)]^T$ 是在一定约束下选取的,不能不受约束地任意进行选取。因此必须给定最优控制的输入变量以一定的约束,即需要规定一个允许的控制范围:

$$\left. \begin{array}{l} u_{1\min} \leqslant u_1(t) \leqslant u_{1\max} \\ u_{2\min} \leqslant u_2(t) \leqslant u_{2\max} \\ \cdots \cdots \\ u_{m\min} \leqslant u_m(t) \leqslant u_{m\max} \end{array} \right\} \quad (4-8)$$

式(4-8)规定了控制空间 $\mathbb{R}^r$ 中的一个闭集,由给定的控制变量的约束条件所构成的这么一个集合称为控制域,这里记为 $\mathbb{R}_u$。如果一个控制函数 $u_i(t)$ 在区间 $[t_0, t_f]$ 上有定义,那么 $u_i(t)$ 称为容许控制,并记为 $u_i(t) \in \mathbb{R}_u$。通常情况下,容许控制 $u_i(t) \in \mathbb{R}_u$ 是一个有界连续或者分段连续的函数。

控制域可能有约束也可能无约束,两种情况下的最优控制求解方法区别较大。比较而言,控制域有约束的最优控制较难求解,求解过程计算量较大。无人机的最优攻击阈值满足 $0 \leqslant P_{TR}(t) \leqslant 1$,显然属于闭集,有约束。

4.2.4 系统的性能指标

从最优控制的初始时刻状态 $\boldsymbol{X}(t_0)$ 转移到需要达到的目标集 Φ,满足要求的控制律 $\boldsymbol{U}(t)$ 一般来说不止一种。最优控制需要在这些满足要求的控制律中寻找

到效果最好的一种。为此必须构建一个能够反映不同控制效果孰优孰劣的性能指标函数,这种性能指标函数有时候也会被称为支付函数。具体性能指标格式的确定,需要参考待求最优控制问题的需求和所需要达到的控制目的。不同的最优控制问题对应的性能指标不同,有时候甚至同一个最优控制问题,也会对应不同的性能指标。虽然性能指标的形式多种多样,但是绝大多数连续时间系统最优控制问题的性能指标依然可以总结为以下3种。

1. 波尔扎(Bolza)型性能指标

如果最优控制的性能指标形式为

$$J[\boldsymbol{U}(\cdot)] = \varphi[\boldsymbol{X}(t_f), t_f] + \int_{t_0}^{t_f} L[\boldsymbol{X}(t_f), \boldsymbol{U}(t_f), t_f] dt \qquad (4-9)$$

式中,L 为标量函数,它是向量 $\boldsymbol{X}(t)$ 和 $\boldsymbol{U}(t)$ 的函数;φ 是标量函数,它与最优控制的终端时间 t_f 以及对应的终端状态 $\boldsymbol{X}(t_f)$ 有关,因此,在最优控制中,$\varphi[\boldsymbol{X}(t_f), t_f]$ 被看作是系统的终端性能指标;J 是一个标量,任何一个控制作用都对应一个性能指标 J;$\boldsymbol{U}(\cdot)$ 表示整个控制作用,而 $\boldsymbol{U}(t)$ 则代表某个特定 t 时刻的控制作用。如果一个最优控制问题的性能指标为式(4-9)所示类型,那么这种性能指标的最优控制就是综合型或 Bolza 型最优控制问题。这种类型的最优控制可以用来描述在积分约束下的终端最小时间控制,或者具有终端约束下的最小积分控制。

2. 拉格朗日(Lagrange)型性能指标

如果最优控制的性能指标不包括 $\varphi[\boldsymbol{X}(t_f), t_f]$,则式(4-9)变为

$$J[\boldsymbol{U}(\cdot)] = \int_{t_0}^{t_f} L[\boldsymbol{X}(t_f), \boldsymbol{U}(t_f), t_f] dt \qquad (4-10)$$

这种形式的性能指标对应积分型或 Lagrange 型最优控制问题。显然,Lagrange 型最优控制问题看重的是系统的过程要求。

3. 麦耶尔(Mager)型性能指标

如果只考虑最优控制的终端时刻性能指标,式(4-9)可化为如下形式:

$$J[\boldsymbol{U}(\cdot)] = \varphi[\boldsymbol{X}(t_f), t_f] \qquad (4-11)$$

这时的性能指标称为终端型或 Mager 问题,这时候的控制目的是找出使终端的某一函数为最小(或最大)值的 $\boldsymbol{U}(t)$。这种情况下,终端时刻的某些状态变量的值不是预先规定的。

以上讨论表明,最优控制问题所要完成的控制目标可以用上述三种类型的性能指标之一来表示,其中综合型(Bolza 型)问题是最为普遍的情况。通过一些简单的数学处理和变换,或者引入适合的辅助变量,这三种性能指标可以互相转换。

综合上述分析,最优控制的性能指标与被控系统受到的控制作用和对应的状态相关。实际上某一个或某几个特定时间节点的控制变量或状态变量不能决定最优控制的性能指标函数,性能指标是一个泛函。

4.3 最优控制问题的求解方法研究

最优控制问题的求解方法总体上来分为间接法和直接法两大类,二者各有优缺点。随着计算机技术的不断发展,直接法已成为求解最优控制问题的主流方法,但是间接法依然对最优控制问题的求解有着不可替代的重要作用,下面对这两种方法做简要介绍。

4.3.1 间接法

4.3.1.1 古典变分法

最优控制理论本质上是关于泛函的极值理论,是在古典变分法的理论基础上发展起来的。古典变分法求解最优控制首先是引入 Hamilton 函数,即

$$\boldsymbol{H} = L[\boldsymbol{X}(t_f), \boldsymbol{U}(t_f), t_f] + \boldsymbol{\lambda}(t) F(\boldsymbol{X}(t), \boldsymbol{U}(t), t) \tag{4-12}$$

然后得到泛函取极值的必要条件:
协态方程为

$$\dot{\boldsymbol{\lambda}}(t) = -\frac{\partial \boldsymbol{H}(t)}{\partial \boldsymbol{X}(t)} \tag{4-13}$$

状态方程为

$$\dot{\boldsymbol{X}}(t) = \frac{\partial \boldsymbol{H}}{\partial \boldsymbol{\lambda}(t)} \tag{4-14}$$

控制方程为

$$\frac{\partial \boldsymbol{H}}{\partial \boldsymbol{U}(t)} = 0 \tag{4-15}$$

横截条件为

$$\boldsymbol{\lambda}(t_f) = \frac{\partial \psi}{\partial \boldsymbol{X}(t_f)} + \frac{\partial N_1}{\partial \boldsymbol{X}(t_f)} v \tag{4-16}$$

式中,v 是 Lagrange 乘子。

古典变分法可以求解控制变量不受约束情况下的最优控制问题,但是古典变分法不能够求解控制变量受限情况下的最优控制问题。不巧的是,实际中碰到的大多数最优控制问题,其控制变量的取值都是受到一定约束和限制的。例如,火箭发动机的推力只能够在零和最大值之间选取,导弹控制舵面的偏转角度也被限制在一定范围之内,无人机的攻击概率只能在[0,1]之间选取,因此实际中碰到的大多数最优控制问题不能通过古典变分法直接求解。

4.3.1.2 Pontryagin 极大值原理

针对古典变分法的不足,苏联科学家 Pontryagin 在 20 世纪 60 年代提出了

Pontryagin 极大值原理。极大值原理来源于分析力学中的 Hamilton 分析法。这种方法比古典变分法的应用更加广阔,因为它可以处理控制变量受约束的最优控制问题。与变分法类似,极大值原理也是通过推导一阶必要条件来进行求解的[168-170]。

极大值原理同样是先引入 Hamilton 函数和协态变量来给出最优控制量所需要满足的一阶最优必要条件,在给出的一阶最优必要条件的基础上,极大值原理能够将待求的最优控制问题转化为一个边值求解问题。通过求解得到的边值问题,可以求出相应的最优解。

Pontryagin 极大值原理给出控制受限情况下泛函取极值的必要条件:

协态方程为

$$\dot{\pmb{\lambda}}(t) = -\frac{\partial \pmb{H}}{\partial \pmb{X}(t)} \tag{4-17}$$

状态方程为

$$\dot{\pmb{X}} = \frac{\partial \pmb{H}}{\partial \pmb{\lambda}} \tag{4-18}$$

边界条件为

$$\pmb{X}(t_0) = \pmb{X}_0, \quad N_1[\pmb{X}(t_f), t_f] = 0 \tag{4-19}$$

横截条件为

$$\pmb{\lambda}(t_f) = \frac{\partial \psi}{\partial \pmb{X}(t_f)} + \frac{\partial N_1}{\partial \pmb{X}(t_f)} v \tag{4-20}$$

最优终端时刻条件为

$$H(t_f) = -\frac{\partial \psi}{\partial \pmb{X}(t_f)} - \frac{\partial N_1}{\partial \pmb{X}(t_f)} v \tag{4-21}$$

在最优轨迹 $\pmb{X}^*(t)$ 和最优控制 $\pmb{U}^*(t)$ 上 Hamilton 函数取极小值

$$\min_{u_i(t) \in R_u} H(\pmb{X}^*, \pmb{\lambda}^*, \pmb{U}, t) = H(\pmb{X}^*, \pmb{\lambda}^*, \pmb{U}^*, t) \tag{4-22}$$

由此,Pontryagin 极大值原理可以求解控制受限情况下的泛函取极值问题。在用极大值原理求解最优控制问题时,由边界条件给出初始时刻 t_0 的状态方程值,由横截条件可以得到终端时刻 t_f 的协态方程值,即式(4-17)~式(4-22)构成了最优控制中的两点边值问题(two point boundary value problem,TPBVP)。

由 Pontryagin 极大值原理可以得到最优控制 $\pmb{U}^*(t)$ 的隐式形式,它依赖于协态方程 $\pmb{\lambda}(t)$。将 $\pmb{U}^*(t)$ 代入状态方程式(4-18)后可以发现,状态变量 $\pmb{X}(t)$ 和协态变量 $\pmb{\lambda}(t)$ 是这个两点边值问题的一组基本未知量。通过对这个两点边值问题的计算求解,最终可以得到最优控制量 $\pmb{U}^*(t)$ 和最优轨迹 $\pmb{X}(t)$。但是,对两点边值问题的求解一直以来都是一个难点问题。在初始时刻,状态向量 $\pmb{X}(t_0)$ 已知,但是初始的协态向量 $\pmb{\lambda}(t_0)$ 是未知的,一般的微分方程求解方式不能解决这类问题;

在终端时刻 t_f,式(4-19)和式(4-20)一起决定了 $\boldsymbol{\lambda}(t_f)$。一般情况下,终端时刻的状态量只有部分是已知的,所以终端条件也不是完全已知的。可见,要想求解这个两点边值问题,必须同时用到初、末边界条件,这导致两点边值问题的求解比微分方程初值问题的求解要困难得多。

求解最优控制中两点边值问题式(4-17)~式(4-22)的一种常用方法就是打靶法。打靶法通过猜测协态方程的初值 $\boldsymbol{\lambda}(t_0)$,来使得微分方程组式(4-17)~式(4-22)获得完整的初始条件,从而可以将复杂的微分方程两点边值问题转化成相对容易处理的微分方程初值问题;然后可以通过给定微分方程的初值,使其能够在终端时刻 t_f 匹配给定的限制条件,如果不能匹配限制条件,那么就修改协态方程的初始猜测 $\boldsymbol{\lambda}(t_0)$。这样就可以对这个两点边值问题进行迭代求解,得到最优控制的解 $\boldsymbol{U}^*(t)$。

大体说来,间接法的思路是先根据必要条件推导出最优控制量的隐式解,然后求解由 Hamilton 函数、初值条件、终端条件以及约束条件构成的两点边值问题,获得最优轨迹 $\boldsymbol{X}^*(t)$ 和最优控制量 $\boldsymbol{U}^*(t)$ 的数值解。

间接法求解最优控制问题优点如下[171]:

(1)能够得到高精度的解;

(2)间接法得到的解满足泛函取极值的必要条件。

同时,间接法还具有以下几点的不足:

(1)基于 Pontryagin 极大值原理推导最优解的步骤相对烦琐,运算量大。

(2)基于 Pontryagin 极大值原理得到的两点边值问题对猜测初值较为敏感,这必然导致对协态向量初值估计的高精度要求,然而遗憾的是协态向量本身没有任何物理意义,这无疑更加增大了协态向量初值估计的难度。

(3)利用间接法求解状态变量受限制的最优控制问题时,存在数学上的困难。一种可行的求解方法是将相应的状态变量约束转化为系统的终端时刻约束,或者将状态变量约束融入目标函数中进行处理。

4.3.2 直接法

直接法求解最优控制的一般思路是先引入时间离散网格,然后将控制变量和(或)状态变量进行离散化处理,并且将动态约束条件转化为代数约束条件,最终可以将一个连续轨迹优化问题转化为一个非线性规划(nonlinear programming,NLP)问题[172-188],然后通过求解这个非线性规划问题,即可得到最优解。

4.3.2.1 直接打靶法

直接打靶法是只离散控制变量的一种典型方法[189,190]。连续变量离散化是将连续时间最优控制问题转化为非线性规划问题求解的一种可行方法。

这种方法先将连续时间离散化(见式(4-23))。然后将离散点上的控制变量看作是设计变量(见式(4-24)),相邻两个节点之间的控制变量由基函数 φ_n 近似(见式(4-25))。控制变量通过分段线性插值见式(4-26)来得到相邻节点之间控制量。因此,在给定控制变量的值以后,就可对状态方程进行积分,从而求解最优控制问题。上述离散过程的数学描述为

$$t_0 = t_1 < t_2 < \cdots < t_N = t_f \tag{4-23}$$

$$y = (u_1, u_2, \cdots, u_N) \tag{4-24}$$

$$u_k(t) = \varphi_u(t, u_{k1}, u_{k2}, \cdots, u_{kp}), \quad k = 1, 2, \cdots, m \tag{4-25}$$

$$u_k(t) = u_{k(i)} + \frac{u_{k(i)} - u_{k(i-1)}}{t_i - t_{i-1}}(t_i - t_{i-1}), \quad t_{i-1} \leqslant t \leqslant t_i \tag{4-26}$$

只离散控制变量来求解最优控制的原理如图 4-1 所示。

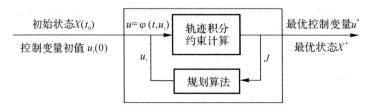

图 4-1 只离散控制变量的直接法原理图

需要指出的是,离散的时间变量不一定是实际的时间,也可以是无量纲时间或其他参数。对于终端时间不固定这种情况,可以将终端时刻 t_f 作为设计变量一并进行处理。

4.3.2.2 配点法

配点法(collocation)是将最优控制中的状态量和控制量同时进行离散化处理的一种方法,因此配点法有时候也被称作直接配点非线性规划(direct collocation with nonlinear programming, DCNLP)。与前面介绍的只离散控制变量,不离散状态变量的直接打靶法类似,配点法也是先将时间进行离散化处理,然后对控制变量进行参数化处理。二者区别主要是配点法的状态变量随时间的变化情况是用 Gauss-Lobatto 多项式来描述的。通过寻找合适的配点,配点法可以将微分方程形式的状态方程转变为相应的代数方程,然后同时将节点处的控制变量、状态变量和配点处控制变量三者一起作为待求解变量,进行综合处理,得到最优的控制量。配点法的原理如图 4-2 所示。

直接打靶法和配点法的不同之处在于参数化变量不同,相同点是二者都是将最优控制问题转化为相应的 NLP 问题,即

$$\left.\begin{array}{ll} \min\limits_{y \in R^N} & f(y) \\ \text{s.t.}① & g_j(y)=0, \quad j=1,2,\cdots,p \\ & h_j(y) \geqslant 0, \quad j=1,2,\cdots,l \end{array}\right\} \quad (4-27)$$

式中，y 表示的是设计变量，它可以是离散化以后最优控制的状态变量，也可以是相应的控制变量，或者是最优控制的终端时刻；$f(y)$ 表示的是最优控制的目标函数；$g_j(y)$ 表示的是得到的 NLP 问题中的等式约束，$h_j(y)$ 则代表不等式约束，最优控制问题中包含的过程约束和终端约束都能够用 $g_j(y)$ 和 $h_j(y)$ 进行描述。

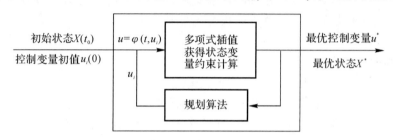

图 4-2　配点法原理图

相比较于间接法，直接法具有下列优点：
(1)不需要推导最优控制的一阶最优性条件。
(2)直接法具有比间接法更为广阔的收敛域；直接法对算法初值的精度要求不是很高；直接法不需要对最优控制中协态变量的初值进行猜测。因此，相比较于直接打靶法，配点法对初始猜测值不敏感。

直接法也有以下不足：
(1)许多直接法不提供协态向量信息，因此得到的解不能够保证是原问题的最优控制解。
(2)以打靶法为代表的只离散控制变量，而不离散状态变量的直接法得到的解有时候为局部的最优解，不是全局最优解。

考虑到进化算法的全局寻优搜索能力，一些研究人员将进化算法用于求解直接法中的 NLP 问题，但是采用进化算法来求解最优控制问题，这将大大增加算法的计算量。

4.3.3　伪谱法

从分类上看，伪谱法是配点法的一种。较一般的配点法而言，伪谱法与它们的最大不同是伪谱法采用 Lagrange 插值来进行状态方程离散化，这是一种全局近似

---

① s.t. 是 subject to 的缩写，表示"使……满足……"。

方法,而一般的配点法则是局部近似[191]。如果待求解的最优控制问题本身足够光滑,不存在奇点,那么伪谱法能够以很高的效率得到最优控制问题的解。因此伪谱法得到了相关学者的高度重视。

此外,伪谱法因其将原最优控制问题离散化以后得到的相应 NLP 问题的 KKT(Karush-Kuhn-Tucker)条件与原最优控制问题推导得到的一阶必要条件一致而受到广泛关注,而且这种方法能够对约束条件进行较为妥善的处理。

伪谱法先选取一系列的离散点,然后利用全局多项式插值的方法,在这些离散的点上来分别近似最优控制系统的状态变量和控制变量,最后还需要通过多项式求导来近似最优控制状态方程中的状态变量对时间的一阶导数,从而在相应的配点上满足动力学方程的约束,这样就可以将最优控制中的微分方程约束转换为一组代数约束。

通常情况下,伪谱法的配点对应正交多项式的根。伪谱法的离散点也叫节点,节点可以选择与伪谱法的配点相同,也可以不同。比如,节点可以选择配点、系统的初始时刻、系统的终端时刻。对于比较光滑的最优控制问题,伪谱法能够表现出较好的收敛性。如果最优控制问题不够光滑,那么可以将问题进行分段,然后分别用正交配点的方法来进行处理。

各种伪谱法大体相似,不同之处在于所选取的正交多项式、配点和节点类型不同。常见的伪谱方法包括高斯(Gauss)伪谱法、勒让德(Legendre)伪谱法和拉道(Radau)伪谱法。文献[192]从算法的计算效率和近似的精度等几个方面对以上三种伪谱法进行了比较分析。就算法的收敛速度和近似精度而言,高斯伪谱法和拉道伪谱法均优于勒让德伪谱法;此外高斯伪谱法在最优控制的协态变量初值估算精度方面要高于拉道伪谱法,并且高斯伪谱法在处理终端约束情况下的最优控制的能力要强于拉道伪谱法。从计算效率的角度进行考虑,三种伪谱法的差别不是很大。本章研究的最优攻击阈值控制问题为含终端约束的非线性最优控制问题,因此,高斯伪谱法不失为一种好的求解方法。

4.3.3.1 非线性规划问题及其 KKT 条件

伪谱法将连续的优化问题离散化为一个非线性规划问题,这个非线性规划问题的一阶必要条件(KKT 条件)与最优控制的最优必要条件等价,这在相关文献中称为乘子等价映射。非线性规划问题可描述如下:

求对应的目标函数 $f(x)$ 的极值(通常是极小值):

$$\min_{x \in R^N} f(x) \tag{4-28}$$

规划过程中会受到等式和不等式约束如下:

$$\left. \begin{array}{l} g_i(x)=0, \quad i=1,2,\cdots,p \\ h_i(x)\geqslant 0, \quad i=1,2,\cdots,l \end{array} \right\} \tag{4-29}$$

如果约束 $f(x), g_i(x), i=1,2,\cdots,p$ 和 $h_i(x), i=1,2,\cdots,l$ 二阶导数连续,那么可以认为 $f(x), g_i(x)$ 和 $h_i(x)$ 足够光滑,从而可以将式(4-29)中的等式约束和不等式约束表述为 $g(x)=0$ 和 $h(x)=0$。

借助相应的 Lagrange 函数和 Lagrange 乘子,这个约束条件下的极值问题能够转化为一个无约束的极值问题。对于这个非线性规划问题,存在对应的 Karush-Kuhn-Tucker(KKT)条件如下:定义前面得到的非线性规划问题中 Lagrange 函数为 $L(x)$,则有

$$L(x)=f(x)-\lambda g(x)-\mu h(x) \quad (4-30)$$

式中,$\boldsymbol{\lambda}=[\lambda_1 \quad \lambda_2 \quad \cdots \quad \lambda_p]^T$ 对应线性规划问题中等式约束的 Lagrange 乘子;$\boldsymbol{\mu}=[\mu_1 \quad \mu_2 \quad \cdots \quad \mu_l]^T$ 对应不等式约束下的 Lagrange 乘子。如果 x^* 是非线性规划问题的解,那么它应当满足最优控制的一阶必要条件:

$$\left.\begin{array}{l} \boldsymbol{\nabla}_x L(x^*)=\boldsymbol{\nabla}_x f(x^*)+\lambda\boldsymbol{\nabla}_x g(x^*)+\mu\boldsymbol{\nabla}_x h(x^*)=0 \\ \boldsymbol{\nabla}_\lambda L(x^*)=g(x^*)=0 \\ \mu h(x^*)=0 \end{array}\right\} \quad (4-31)$$

式中

$$\left.\begin{array}{l} \boldsymbol{\nabla}_x=[\partial/\partial x_1 \quad \partial/\partial x_2 \quad \cdots \quad \partial/\partial x_n]^T \\ \boldsymbol{\nabla}_\lambda=[\partial/\partial \lambda_1 \quad \partial/\partial \lambda_2 \quad \cdots \quad \partial/\partial \lambda_n]^T \end{array}\right\} \quad (4-32)$$

乘子等价映射在伪谱法中已经得到了证明。在具体使用上,它主要用来估计间接法中的协态变量,从而能够根据估计的 Hamilton 函数来判断直接法计算结果的最优性。乘子等价映射将最优控制的直接法和间接法两种求解方法联系了起来。

4.3.3.2 最优控制问题的求解步骤

给出高斯伪谱法求解无人机攻击阈值最优控制问题的步骤如下[193-194]。

1. 时域变换

由于高斯伪谱法的配点都分布在区间 $[-1,1]$ 上,因此高斯伪谱法的第一步就是将攻击阈值控制中的时间区间由 $t\in[0,T]$ 转换到 $\tau\in[\tau_0,\tau_f]=[-1,1]$;具体需要对时间变量 t 作如下变换:

$$\tau=\frac{2t}{T}-1 \quad (4-33)$$

然后将上述变换应用于目标函数、状态变量和约束条件,从而得到新的目标函数为

$$J=y_1(1) \quad (4-34)$$

以及新的状态方程为

$$\dot{\boldsymbol{X}}(\tau)=\frac{T}{2}\boldsymbol{F}(\boldsymbol{X}(\tau),\boldsymbol{U}(\tau)) \quad (4-35)$$

无人机的数量期望不小于零,据此得到不等式约束为

$$h(X(\tau), U(\tau)) \geqslant 0 \quad (4-36)$$

对于终端时刻可变的情况,可得到终端等式约束条件:

$$g(X(\tau_f)) = 0 \quad (4-37)$$

2. 控制变量和状态变量的插值多项式全局近似

高斯伪谱法选取 N 个 Legendre-Gauss 点以及 $\tau_0 = -1$ 和 $\tau_f = 1$ 为节点,构成 Lagrange 插值多项式,并以此为基函数来近似状态变量和控制变量,则有

$$X(\tau) \approx x(\tau) = \sum_{i=0}^{N} L_i(\tau) x(\tau_i) \quad (4-38)$$

$$U(\tau) \approx u(\tau) = \sum_{i=1}^{N} \widetilde{L}_i(\tau) u(\tau_i) \quad (4-39)$$

其中,Lagrange 插值基函数为

$$L_i(\tau) = \prod_{j=0, j \neq i}^{N} \frac{\tau - \tau_j}{\tau_i - \tau_j} \quad (4-40)$$

$$\widetilde{L}_i(\tau) = \prod_{j=1, j \neq i}^{N} \frac{\tau - \tau_j}{\tau_i - \tau_j} \quad (4-41)$$

终端状态的插值多项式近似表达为

$$x(\tau_f) = x(\tau_0) + \frac{T}{2} \sum_{k=1}^{N} \omega_k F(x(\tau_k), u(\tau_k)) \quad (4-42)$$

3. 状态方程约束的转化

对式(4-38)进行求导,可得

$$\dot{X}(\tau_k) \approx \dot{x}(\tau_k) = \sum_{i=0}^{N} D_{ki}(\tau) x(\tau_i) \quad (4-43)$$

式中,微分矩阵 $D \in R^{N \times (N+1)}$ 可以在离线条件下得到,即

$$D_{ki} = \dot{L}_i(\tau_k) = \begin{cases} \dfrac{(1+\tau_k)\dot{P}_N(\tau_k) + P_N(\tau_k)}{(\tau_k - \tau_i)[(1+\tau_i)\dot{P}_N(\tau_i) + P_N(\tau_i)]}, & i \neq k \\ \dfrac{(1+\tau_i)\ddot{P}_N(\tau_i) + 2\dot{P}_N(\tau_i)}{2[(1+\tau_i)\dot{P}_N(\tau_i) + P_N(\tau_i)]}, & i = k \end{cases} \quad (4-44)$$

用式(4-43)替换离散点处的微分方程的左边式,可以将微分方程约束转化为代数约束,即

$$\sum_{i=0}^{N} D_{ki}(\tau) x(\tau_i) - \frac{T}{2} F(x(\tau_k), u(\tau_k)) = 0 \quad (4-45)$$

式中,$k = 1, 2, \cdots, N$。至此,原最优控制问题已转化为一个非线性规划问题,即

$$\left. \begin{array}{l} \min\limits_{x \in R^N} f(x) \\ \text{s.t.} \quad g_j(x) = 0, \quad j = 1, 2, \cdots, p \\ \quad\quad h_j(x) \geqslant 0, \quad j = 1, 2, \cdots, l \end{array} \right\} \quad (4-46)$$

式中，x 为设计变量，包括状态变量和控制变量。通过对这个非线性规划问题进行求解，可以得到原最优控制问题的解。

4.4 Lanchester 方程中的最优控制问题分析

在无人机空战的最优控制问题中，最优控制的状态方程是 Lanchester 方程式(4-1)，控制变量 $u(t) = P_{TR}(t)$。下面分情况讨论最优控制的支付函数。

1. 终端时刻固定

首先给出如下定理：

定理 4.1 如果作战持续时间 T 固定，则 R 方作战目标是使 $x(T)$ 取得最大值或者使 $y_1(T)$ 取得最小值，这两个目标函数本质上等价。

证明 首先，定义 $T_0 = T - \Delta t$，其中 $0 < \Delta t < T$，T 为战斗持续时间。

然后，在 T_0 时刻对式中 $x(t)$ 进行一阶泰勒展开：

$$x(t) = x(T_0) + \dot{x}(T_0)(t - T_0) = x(T_0) - \beta y_1(T_0)(t - T_0) \quad (4-47)$$

令 $t = 0$，得到

$$x(T_0) - x(0) = -\beta T_0 y_1(T_0) \quad (4-48)$$

因此

$$\max\{x(T_0)\} = \max\{-\beta T_0 y_1(T_0)\} \quad (4-49)$$

由于 $\beta > 0, T_0 > 0$，式(4-49)可改写为

$$\max\{x(T_0)\} = \min\{y_1(T_0)\} \quad (4-50)$$

因为 $x(t), y_1(t)$ 连续，所以当 $\Delta t \to 0$ 时，$x(T_0) = x(T)$，$y_1(T_0) = y_1(T)$。因此，可得

$$\max\{x(T)\} = \min\{y_1(T)\} \quad (4-51)$$

问题得证。

如果 T 固定，可设最优控制的支付函数，使

$$J = -x(T) = y_1(T) \quad (4-52)$$

取得最小值。

显然，这是一个终端时刻固定的 Mager 型性能指标的最优控制问题。

2. 终端时刻可变

如果 T 不固定，则不能取 $-x(T)$ 作为支付函数，因为 $T = 0$ 时 $-x(T)$ 最小，故最优控制的支付函数应该为

$$J = y_1(T) \quad (4-53)$$

终端状态分以下两种情况：

(1) 第一种情况，在 B 方的打击下，R 方飞机数量降低到弹药约束下最小值：

$$x(T) = \max\{0, x(0) - y_1(0) N_B \beta\} \quad (4-54)$$

式中，N_B 是 B 方一架飞机最多能够挂载的导弹数量。

(2) 第二种情况，在 R 方的打击下，B 方的飞机数量和诱饵弹数量降低到弹药约束下最小值，则有

$$y_1(T) + y_2(T) = \max\{0, y_1(0) + y_2(0) - x(0)N_R\alpha_{\max}\} \quad (4-55)$$

式中，N_R 是 R 方一架飞机最多能够挂载的导弹数量。

令 $m_R = \max\{0, x(0) - y_1(0)N_B\beta\}$，$m_B = \max\{0, y_1(0) + y_2(0) - x(0)N_R\alpha_{\max}\}$，综合式(4-54)与式(4-55)得到终端状态约束，为

$$(x(T) - m_R)(y_1(T) + y_2(T) - m_B) = 0 \quad (4-56)$$

即作战双方至少有一方兵力降低到弹药约束下最小值。这是一个终端时刻可变的 Mager 型性能指标的最优控制问题。

采用高斯伪谱法可以对上述最优控制问题进行求解。为验证高斯伪谱法得到解的最优性，需要计算最优控制的协态方程。为此，先构建 Hamilton 函数，则有

$$H = -\lambda_1 \beta y_1 - \lambda_2 \alpha_1 x \frac{y_1 u}{y_1 + y_2} - \lambda_3 \alpha_2 x \frac{y_2}{y_1 + y_2} \frac{u}{(1-c)u + c} \quad (4-57)$$

然后计算协态方程，有

$$\dot{\lambda}_1 = -\frac{\delta H}{\delta x} = \lambda_2 \alpha_1 \frac{y_1 u}{y_1 + y_2} + \lambda_3 \alpha_2 \frac{y_2}{y_1 + y_2} \frac{u}{(1-c)u + c} \quad (4-58)$$

$$\dot{\lambda}_2 = -\frac{\delta H}{\delta y_1} = \lambda_1 \beta + \lambda_2 \frac{\alpha_1 x y_2 u}{(y_1 + y_2)^2} - \lambda_3 \frac{\alpha_2 x y_2 u}{[(1-c)u + c](y_1 + y_2)^2}$$

$$(4-59)$$

$$\dot{\lambda}_3 = -\frac{\delta H}{\delta y_2} = -\lambda_2 \frac{\alpha_1 x y_1 u}{(y_1 + y_2)^2} + \lambda_3 \frac{\alpha_2 x y_1 u}{[(1-c)u + c](y_1 + y_2)^2} \quad (4-60)$$

同时得到终端时刻固定的横截条件为

$$\left.\begin{array}{l}\lambda_1(T) = 0 \\ \lambda_2(T) = 1 \\ \lambda_3(T) = 0\end{array}\right\} \quad (4-61)$$

终端时刻可变的横截条件为

$$\left.\begin{array}{l}\lambda_1(T) = \dfrac{\partial G}{\partial x(T)} v \\[6pt] \lambda_2(T) = 1 + \dfrac{\partial G}{\partial y_1(T)} v \\[6pt] \lambda_3(T) = \dfrac{\partial G}{\partial y_2(T)} v\end{array}\right\} \quad (4-62)$$

式中，v 是 Lagrange 乘子。

$$G = \begin{cases} x(T) - m_R = 0 \\ y_1(T) + y_2(T) - m_B = 0 \end{cases} \quad (4-63)$$

根据式(4-58)～式(4-63),可以验证高斯伪谱法的KKT条件。

4.5 仿真分析

4.5.1 算例4.1

给定双方初始参战兵力分别为 $x(0)=450, y_1(0)=350, y_2(0)=500$,给定战斗持续时间 $T=20$ min,相关的参数设置见表4-1。

表4-1 作战双方的参数设置

参数	α_1	α_2	β	N_R/枚	N_B/枚	c
取值	0.49	0.56	0.33	4	3	100

首先计算得到 $x(T) \geqslant 0, y_1(T)+y_2(T) \geqslant 94$,得到弹药约束下双方的最小剩余兵力;然后采用高斯伪谱法求解最优攻击阈值。

显然,算例4.1是一个终端时刻固定的最优控制问题,用高斯伪谱法求解得到的R方飞机的最优攻击阈值控制策略如图4-3所示。

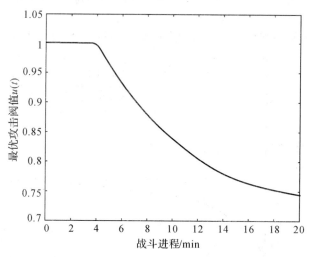

图4-3 终端时刻固定的R方最优攻击阈值随时间变化图

作战双方兵力随时间变化图如图4-4所示。

由图4-3和图4-4可知,在作战开始时刻,B方拥有大量作战飞机和诱饵弹,如果不及时打击B方飞机,R方必将遭受重创。因此,此时R方的最优攻击策略是攻击每一个B方目标,在B方兵力减小到一定数量之后,R方将攻击阈值逐渐调低,这时 B 方诱饵弹数量变化缓慢,而 B 方飞机数量则持续减小,这说明 R 方能够较好地排除诱饵弹干扰,将有限的空空导弹用于攻击 B 方的作战飞机;从整个战斗过程来看,由于双方兵力的初始损耗和 R 方攻击阈值的调低,双方飞机的损失速度随时间的推移而逐渐减小。

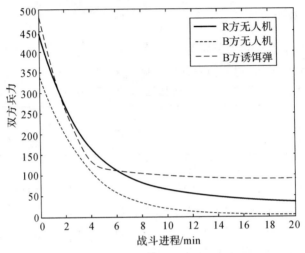

图 4-4　终端时刻固定情况下的双方兵力随时间变化图

由高斯伪谱法得到最优控制的协态向量 $\lambda_1(t), \lambda_2(t), \lambda_3(t)$,如图 4-5 所示。

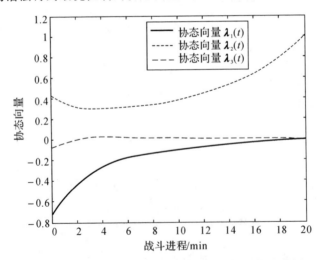

图 4-5　终端时刻固定情况下的协态向量随时间变化图

图 4-5 清晰地反映了高斯伪谱法计算得到的协态向量满足终端时刻固定情况下的横截条件,这说明基于高斯伪谱法得到的最优控制量与采用间接法得到的

最优控制量二者一致。

表4-2给出了终端时刻固定情况下,传感器性能参数c取不同值时得到的不同作战结果。

表4-2 终端时刻固定情况下的传感器性能对作战结果的影响

参数c	$x(T)$	$y_1(T)$	$y_2(T)$
50	25.69	5.92	88.08
100	37.70	3.43	90.57
200	46.83	2.06	91.94
250	49.25	1.77	92.23
500	54.86	1.17	92.83

由表4-2可以看出:若$x(T)$越大,则$y_1(T)$越小,这与前面分析一致;同时,若传感器性能参数c越大,则R方飞机剩余数量越多,B方飞机剩余数量越少,B方诱饵弹的剩余数量越多,这说明当传感器性能参数c越大时,R方越容易分辨出B方的作战飞机和诱饵弹,相应的作战结果越优;同时,随着c的增大,作战结果对c变化的敏感程度逐渐降低。表4-2中,$y_1(T)+y_2(T)\equiv 94$,说明在T时刻,B方兵力降低到了弹药约束下的最小值。

4.5.2 算例4.2

给定作战双方参战兵力分别为
$$x(0)=450, \quad y_1(0)=350, \quad y_2(0)=500$$
战斗持续时间T不固定,相关的参数设置采用表4-1中数据,根据终端状态约束可得
$$x(T)(y_1(T)+y_2(T)-94)=0$$
这是一个终端时刻可变的最优控制问题,用高斯伪谱法求解得到的终端时刻$T=39.46$;R方飞机的最优攻击阈值控制策略如图4-6所示。

作战双方兵力随时间变化图如图4-7所示。

分析图4-6和图4-7,发现终端时刻可变情况下的R方最优攻击阈值控制策略与终端时刻固定情况下R方的最优控制策略类似,都是先无差别地攻击每一个B方目标,待B方兵力降低到一定程度以后,再降低攻击阈值,使火力能够集中到B方的作战飞机,同时与算例4.1类似,由于双方兵力的损耗和R方攻击阈值的调低,双方飞机的损失速度随时间的推移而逐渐减小。

在终端时刻不定的情况下,由KKT条件计算得到最优控制协态向量$\lambda_1(t)$,$\lambda_2(t)$,$\lambda_3(t)$如图4-8所示。

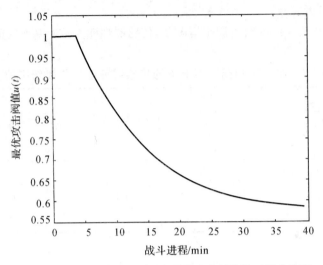

图 4-6　终端时刻可变的 R 方最优攻击阈值随时间变化图

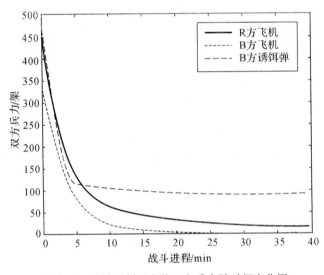

图 4-7　终端时刻可变的双方兵力随时间变化图

分析图 4-8 中给出的终端时刻可变这种情况下得到的三个协态向量,其同样满足相应的终端时刻可变情况下的横截条件。这可以充分地说明在终端时刻可变的情况下,基于高斯伪谱法计算得到的最优控制量与间接法得到的最优控制量二者是一致的。

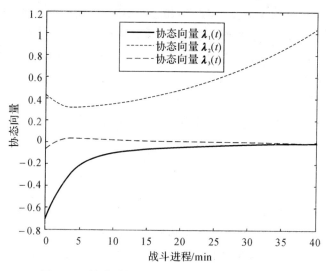

图 4-8 终端时刻可变的协态向量随时间变化图

表 4-3 给出了终端时刻可变条件下的传感器性能参数 c 取不同值时得到的不同作战结果。

表 4-3 终端时刻可变情况下的传感器性能对作战结果的影响

参数 c	$x(T)$	$y_1(T)$	$y_2(T)$	T/min
50	1.51	4.82	89.18	31.46
100	15.04	1.35	92.65	39.46
200	27.69	0.07	93.93	61.87
250	32.77	0.03	93.97	62.57
500	42.64	0.0002	93.9998	82.60

分析表 4-3,在终端时刻可变的情况下:若 c 越大,则 $y_1(T)$ 越小,$y_2(T)$ 越大,此时对应的作战效果越好,作战持续时间越长;随着 c 的增大,$y_1(T)$ 和 $y_2(T)$ 对 c 变化的敏感程度逐渐降低。在表 4-3 中,$y_1(T)+y_2(T)\equiv 94$,这说明在终端时刻不固定的情况下,作战结束时刻,B 方兵力降低到了弹药约束下的最小值。注意当 $c=500$ 时,$y_1(T)$ 的值非常小,这种情况下,可以认为 $y_1(T)=0$,即在给定的初始条件下,当 $c=500$ 时,B 方飞机会被全部消灭。

对比表 4-2 与表 4-3,在传感器性能参数 c 取相同值的情况下,终端时刻固定与可变两种情况下的 $y_1(T)$ 和 $y_2(T)$ 相差并不大，但是两种情况下的 $x(T)$ 有较大差别，并且参数 c 越小这种差别越明显。这说明如果 R 方一味追求对 B 方飞机的最大杀伤，R 方会比 B 方损失更多的飞机；同时，若 R 方传感器性能越差，则 R 方损失的飞机数量越多。

4.6 自杀式无人机的动态攻击阈值控制

4.6.1 作战想定

给定自杀式无人机的空战过程如下：作战双方分别为红方（R 方）和蓝方（B 方），R 方为自杀式无人机，B 方兵力组成则是歼击型无人机和伴飞的诱饵弹。作战双方遭遇以后，R 方无人机对 B 方的无人机发起自杀袭击，B 方的作战无人机则是在伴飞诱饵弹的掩护下对 R 方无人机进行攻击。随着作战进程的变化，B 方无人机和诱饵弹的数量和比例都在不断发生变化，因此，为了最大程度杀伤 B 方无人机，R 方需要根据时间变化来不断调整攻击阈值，从而尽可能多地杀伤 B 方的作战无人机。

4.6.2 自杀式无人机的最优攻击阈值控制模型

当 P_{TR} 可变时，攻击阈值应当记为 $u(t)=P_{TR}(t),0 \leqslant u(t) \leqslant 1$。结合第三章得到的自杀式无人机 Lanchester 空战方程，可得诱饵弹干扰下的自杀式无人机最优攻击阈值控制模型为

$$\left.\begin{aligned}\frac{\mathrm{d}x(t)}{\mathrm{d}t} &= -\beta y_1(t) - x(t)\frac{y_1(t)}{y_1(t)+y_2(t)}u(t) - x(t)\frac{y_2(t)}{y_1(t)+y_2(t)}\frac{u(t)}{(1-c)u(t)+c}\\ \frac{\mathrm{d}y_1(t)}{\mathrm{d}t} &= -\alpha_1 x(t)\frac{y_1(t)}{y_1(t)+y_2(t)}u(t)\\ \frac{\mathrm{d}y_2(t)}{\mathrm{d}t} &= -\alpha_2 x(t)\frac{y_2(t)}{y_1(t)+y_2(t)}\frac{u(t)}{(1-c)u(t)+c}\end{aligned}\right\}$$

(4-64)

式（4-64）即为最优控制状态方程。式中，$x(t)$ 为 t 时刻的 R 方无人机数量期望；$y_1(t)$ 为 t 时刻的 B 方无人机数量期望；$y_2(t)$ 为 t 时刻的 B 方诱饵弹数量期望；β 是单位时间内 B 方每架无人机对 R 方飞机的期望杀伤个数；$u(t)$ 是 R 方自杀式无人机的攻击阈值，是最优控制中的控制变量。

支付函数应当是尽可能多地消灭 B 方无人机，即最小化：

$$J = y_1(T)$$

(4-65)

式中,T 是作战持续时间。如果 T 固定,那么这是一个终端时刻固定的 Mager 型性能指标的最优控制问题;如果 T 不固定,那么这就是一个终端时刻可变的 Mager 型性能指标的最优控制问题,这时需要给定终端时刻的状态约束为

$$x(T)y_1(T)=0 \tag{4-66}$$

即 R 方的自杀式无人机和 B 方的作战无人机,至少有一项数量为零。

为了验证高斯伪谱法得到的解的最优性,需要计算最优控制的协态方程。首先构建 Hamilton 函数:

$$H=\lambda_1\left[-\beta y_1-\frac{xy_1u}{y_1+y_2}-\frac{xy_2}{y_1+y_2}\frac{u}{(1-c)u+c}\right]-$$
$$\lambda_2\alpha_1 x\frac{y_1u}{y_1+y_2}-\lambda_3\alpha_2 x\frac{y_2}{y_1+y_2}\frac{u}{(1-c)u+c} \tag{4-67}$$

然后可以得到协态方程:

$$\dot{\lambda}_1=-\frac{\delta H}{\delta x}=\lambda_1\left[\frac{y_1u}{y_1+y_2}+\frac{y_2}{y_1+y_2}\frac{u}{(1-c)u+c}\right]+$$
$$\lambda_2\alpha_1\frac{y_1u}{y_1+y_2}+\lambda_3\alpha_2\frac{y_2}{y_1+y_2}\frac{u}{(1-c)u+c} \tag{4-68}$$

$$\dot{\lambda}_2=-\frac{\delta H}{\delta y_1}=\lambda_1\beta+\frac{y_2}{(y_1+y_2)^2}(\lambda_1 xu+\lambda_2\alpha_1 xu)-$$
$$\frac{1}{(y_1+y_2)^2}\left[\frac{\lambda_1 xy_2u}{(1-c)u+c}+\frac{\lambda_3\alpha_2 xy_2u}{(1-c)u+c}\right] \tag{4-69}$$

$$\dot{\lambda}_3=-\frac{\delta H}{\delta y_2}=\frac{y_1}{(y_1+y_2)^2}\left[\frac{\lambda_1 xu}{(1-c)u+c}+\frac{\lambda_3\alpha_2 xu}{(1-c)u+c}\right]-$$
$$\frac{1}{(y_1+y_2)^2}(\lambda_1 xy_1u+\lambda_2\alpha_1 xy_1u) \tag{4-70}$$

同时得到终端时刻固定的横截条件为

$$\left.\begin{array}{l}\lambda_1(T)=0\\ \lambda_2(T)=1\\ \lambda_3(T)=0\end{array}\right\} \tag{4-71}$$

终端时刻可变的横截条件为

$$\left.\begin{array}{l}\lambda_1(T)=\dfrac{\partial G}{\partial x(T)}v\\[6pt] \lambda_2(T)=1+\dfrac{\partial G}{\partial y_1(T)}v\\[6pt] \lambda_3(T)=\dfrac{\partial G}{\partial y_2(T)}v\end{array}\right\} \tag{4-72}$$

式中:v 是 Lagrange 乘子;G 为终端约束,可以表示为

$$x(T)=0 \bigcup y_1(T)=0 \qquad (4-73)$$

根据式(4-68)~式(4-73),可以计算由高斯伪谱法得到的协态向量,从而验证其KKT条件。

4.6.3 算例4.3

首先进行参数设定,给定双方初始参战兵力分别为 $x(0)=900$, $y_1(0)=200$, $y_2(0)=400$,战斗持续时间设定为 $T=30$ min。Lanchester 方程中的相关参数设置见表4-4。

表4-4 作战双方的参数设定

参 数	α_1	α_2	β	c
取值	0.42	0.73	0.55	500

由于 $T=30$ min,因此算例4.3给出的是一个终端时刻固定的最优控制问题,采用高斯伪谱法对这个问题进行求解,得到的R方自杀式无人机的最优攻击阈值控制策略如图4-9所示。继而可以得到作战双方兵力随时间变化图,如图4-10所示。

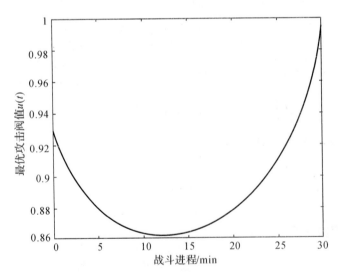

图4-9 终端时刻固定的R方自杀式无人机最优攻击阈值控制策略

在给定的初始条件和参数设定下,综合分析图4-9和图4-10。首先从R方无人机的最优攻击阈值控制策略来看,$u(t)$始终保持在0.86以上,这说明R方的自杀式无人机总体上应当采取不保守的具有攻击性的战斗策略。根据$u(t)$的变化情况,整个作战过程可以分为两个阶段。

第一阶段,战场中存在大量 B 方的作战无人机,此时 B 方的战斗力很强,需要尽快对其进行打击,因此在初始时刻 R 方无人机的攻击阈值很高。随着 B 方作战无人机数量的减少,为了尽可能减少攻击 B 方的伴飞诱饵弹,R 方逐渐降低 $u(t)$。从作战双方的兵力变化情况来看,由于双方兵力充足,因此作战双方都能够对对方造成很大杀伤,双方兵力迅速下降。

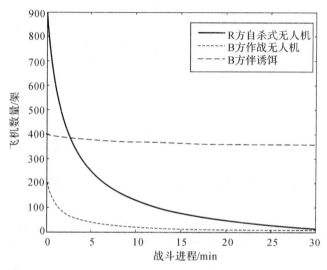

图 4-10　终端时刻固定的作战双方兵力随时间变化图

第二阶段,随着 B 方作战无人机损失越来越多,诱饵弹在 B 方总兵力中所占的比例不断升高,因此,R 方的无人机必须逐渐提高攻击阈值 $u(t)$,来尽可能多地杀伤 B 方的无人机。但是,此时作战双方的兵力都已大大受损,因此双方的损耗都十分有限。

分析 B 方的兵力变化情况:B 方的诱饵弹数量远多于其作战无人机的数量,且 R 方对其杀伤概率大于对作战无人机的杀伤概率,但其损耗最终没有超过 50 枚,这说明当传感器性能参数 $c=500$ 时,R 方能够较为准确地从伴飞的诱饵弹中识别出 B 方作战无人机进行攻击。

由 KKT 条件得到终端时刻固定的协态向量 $\lambda_1(t),\lambda_2(t),\lambda_3(t)$,如图 4-11 所示。

图 4-11 给出了利用高斯伪谱法得到的协态向量随时间变化情况,显然其满足终端时刻固定的横截条件,这表明基于高斯伪谱法得到的自杀式无人机最优控制策略与采用间接法得到的控制策略一致。

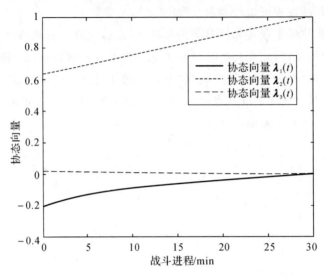

图 4-11 终端时刻固定的协态向量随时间变化图

表 4-5 给出在终端时刻固定的情况下,传感器性能参数 c 取不同值时得到的不同作战结果。

表 4-5 终端时刻固定的传感器性能对结果的影响

参数 c	$x(T)$	$y_1(T)$	$y_2(T)$
500	9.17	4.85	354.64
600	19.35	3.89	355.69
700	27.42	3.27	356.82
800	34.03	2.83	357.92
900	39.60	2.51	358.99

从表 4-5 可以看出在最优的攻击阈值下,传感器性能参数 c 越大,R 方自杀式无人机剩余数量越多,同时 B 方无人机剩余数量越少,B 方诱饵的剩余数量越多。这说明 c 越大,R 方能够越容易地分辨出 B 方的作战无人机和诱饵弹,从而相应的作战结果越优;同时随着 c 的增大,$x(T)$ 和 $y_1(T)$ 对 c 变化的敏感程度逐渐降低,这说明一味地增加 c 只能在一定范围内提高自杀式无人机的杀伤效果。

4.6.4 算例 4.4

给定作战双方参战兵力分别为 $x(0)=900, y_1(0)=200, y_2(0)=400$,战斗持续时间 T 不固定,相关的参数设置采用表 4-4 中的数据。这是一个终端时刻可变的最优控制问题,用高斯伪谱法求解得到的终端时刻 $T=34.03$;R 方无人机的最优攻击阈值控制策略如图 4-12 所示。

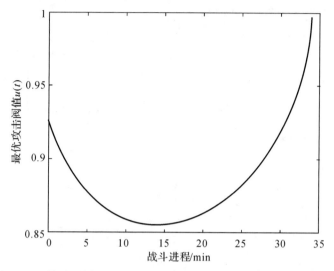

图 4-12 终端时刻可变的 R 方自杀式无人机最优攻击阈值控制策略

作战双方兵力随时间变化图如图 4-13 所示。

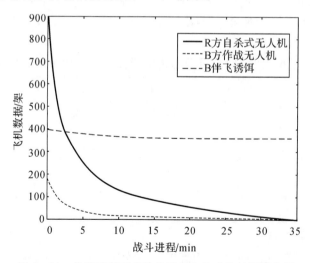

图 4-13 终端时刻可变的作战双方兵力随时间变化图

分析图 4-12 和图 4-13,发现终端时刻可变情况下的 R 方自杀式无人机最优攻击阈值控制策略与终端时刻固定情况下的攻击阈值控制策略类似,都是先逐渐降低 $u(t)$,待 B 方作战无人机数量降低到一定程度后,再逐渐提高 $u(t)$。同时与算例 4.3 类似,作战双方的兵力都是在开始时刻迅速降低,其后双方无人机的损失速度随时间的推移而逐渐减缓。

由高斯伪谱法的 KKT 条件计算得到的终端时刻可变情况下的协态向量 $\lambda_1(t), \lambda_2(t), \lambda_3(t)$,如图 4-14 所示。

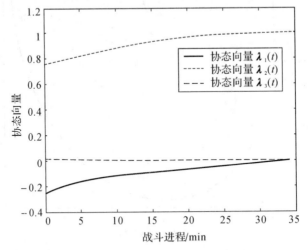

图 4-14 终端时刻可变的协态向量随时间变化图

图 4-14 给出了终端时刻可变情况下的协态向量变化情况,显然其满足横截条件。表 4-6 给出了终端时刻可变,传感器性能参数 c 取不同值时得到的不同作战结果。

表 4-6 终端时刻可变的传感器性能对作战结果的影响

参数 c	$x(T)$	$y_1(T)$	$y_2(T)$	$T/\min$
500	0	4.74	356.37	34.03
600	0	3.47	358.84	40.67
700	0	2.48	360.65	49.14
800	0	1.68	361.96	60.85
900	0	1.04	362.81	79.03

由表 4-6 可知,在给定的兵力配置和参数设置下,如果终端时刻不固定,R 方将战败。在这种情况下,由于伴飞诱饵的干扰,R 方无人机很难完全识别出并杀伤所有 B 方的作战无人机,而 B 方的作战无人机则可以在伴飞诱饵的掩护下逐渐全部杀伤 R 方的无人机。同时根据表 4-6 可知:c 越大,$y_1(T)$ 越小,$y_2(T)$ 越大,作战效果越好,这与算例 4.3 得到的结果类似;并且 c 越大,战斗持续时间越长,作战结果对 c 变化的敏感程度越低。对比表 4-5 与表 4-6 可知,若 c 取值相同,那么

表 4-5 中的 $x(T)$ 比表 4-6 中的 $x(T)$ 大,两个表中的 $y_1(T)$ 相差不大,这说明 T 为定值情况下的 R 方无人机杀伤效率比 T 可变情况下的杀伤效率高。

4.7 本章小结

本章将 Lanchester 方程与最优控制相结合,分别对诱饵弹干扰下的歼击型无人机和自杀型无人机的最优攻击阈值控制问题进行了研究。

对于歼击型无人机,主要工作及得到的结论总结如下:

(1)将无人机的攻击阈值控制问题抽象为一个最优控制问题。首先给定作战双方无人机的弹药约束,并将弹药约束转化为双方的兵力损耗约束;然后分别分析终端时刻固定和终端时刻可变两种情况下的最优控制问题,证明了在终端时刻固定的情况下,一方兵力最大化等价于另一方兵力的最小化;最后用高斯伪谱法来对最优控制问题进行求解。

(2)给出诱饵弹干扰下歼击型无人机空战的最优战法。仿真结果表明 R 方的最优攻击阈值控制策略应该是在开始时刻攻击每一个 B 方目标,在 B 方兵力减小到一定数量之后,R 方再将攻击阈值逐渐调低;这样,在战斗后期 B 方诱饵弹的损耗速率缓慢,说明此时 R 方能够较好地将火力集中到 B 方的作战飞机。

(3)分析了传感器性能参数 c 对作战结果的影响。仿真结果表明 c 越大,R 方的作战结果越好;随着 c 的增大,作战结果对 c 变化的敏感程度降低。终端时刻可变情况下,R 方一味追求对 B 方的杀伤是得不偿失的行为。

对于自杀式无人机的攻击阈值控制问题,主要工作以及得到的结论可总结如下:

(1)给出诱饵弹干扰下自杀式无人机的最优战法。在给定的初始条件和参数设置下,仿真结果表明 R 方的自杀式无人机总体上应当采取不保守的具有攻击性的战斗策略;在作战开始时刻应该不断降低攻击阈值来尽可能避免盲目攻击 B 方诱饵,待 B 方的作战无人机降低到一定程度之后,则需要增大攻击阈值,来保证对 B 方无人机的杀伤。

(2)分析了传感器性能参数 c 对自杀式无人机作战结果的影响。仿真结果表明当 c 越大时,R 方的作战结果越好;同时随着 c 的增大,作战结果对性能参数 c 变化的敏感程度逐渐降低。

(3)对比战斗持续时间可变这种情况,如果 R 方不追求对 B 方飞机的全部杀伤,战斗持续时间取常数,那么可以在 B 方飞机剩余数量相差不大的前提下增加 R 方无人机的剩余数量,从而提高杀伤的效率。

(4)算例 4.3 和 4.4 中的 R 方无人机数量均迅速下降,这是无人机对 B 方发动自杀式袭击和 B 方对其打击共同作用的结果。从自杀式无人机的设计方面考虑,提升火控传感装置性能可以在一定程度上提高对 B 方无人机的杀伤效果。

第五章 敌方杀伤力未知情况下的最优攻击阈值控制

在现代战争中,军事冲突的复杂性、隐蔽性、欺骗性日益明显,由于敌方干扰和己方的信息搜索能力有限,己方不可能对敌方的信息完全已知。实际上大量的攻击和战术决策都是在不确定的情况下进行的,这无形中增加了战斗难度。

在空战中,飞机很难通过机载探测装置来确定敌方挂载的武器,而不同的武器对应的杀伤力又是不一样的,这继而对无人机的攻击阈值控制产生影响。因此本章将结合 Lanchester 方程与最优控制,探讨敌方杀伤力未知情况下的无人机最优攻击阈值控制问题。本章首先分析敌方杀伤力未知情况下的歼击型无人机的最优攻击阈值控制问题,然后分析敌方杀伤力未知情况下自杀式无人机的最优攻击阈值问题。

5.1 敌方杀伤力未知下歼击型无人机的最优攻击阈值

5.1.1 敌方杀伤力未知下歼击型无人机的 Lanchester 方程

在现代战争中要经常面对信息不确定的情况[195-199]。在空战中,如果 B 方飞机有 n 种武器选择,武器 1 对应的期望杀伤个数为 β_1,武器 2 对应的期望杀伤个数为 β_2,……,武器 n 对应的期望杀伤个数为 β_n;B 方飞机选择挂载武器 1 的概率为 $P_{\beta 1}$,选择挂载武器 2 的概率为 $P_{\beta 2}$,……,选择挂载武器 n 的概率为 $P_{\beta n}$,可得 $P_{\beta 1}+P_{\beta 2}+\cdots+P_{\beta n}=1$。此时,Lanchester 方程为

$$\left.\begin{aligned}
\frac{\mathrm{d}x^1(t)}{\mathrm{d}t} &= -\beta_1 y_1^1(t) \\
\frac{\mathrm{d}y_1^1(t)}{\mathrm{d}t} &= -\alpha_1 x^1(t) \frac{y_1^1(t)}{y_1^1(t)+y_2^1(t)} u(t) \\
\frac{\mathrm{d}y_2^1(t)}{\mathrm{d}t} &= -\alpha_2 x^1(t) \frac{y_2^1(t)}{y_1^1(t)+y_2^1(t)} \frac{u(t)}{(1-c)u(t)+c} \\
&\cdots\cdots \\
\frac{\mathrm{d}x^n(t)}{\mathrm{d}t} &= -\beta_n y_1^n(t) \\
\frac{\mathrm{d}y_1^n(t)}{\mathrm{d}t} &= -\alpha_1 x^n(t) \frac{y_1^n(t)}{y_1^n(t)+y_2^n(t)} u(t) \\
\frac{\mathrm{d}y_2^n(t)}{\mathrm{d}t} &= -\alpha_2 x^n(t) \frac{y_2^n(t)}{y_1^n(t)+y_2^n(t)} \frac{u(t)}{(1-c)u(t)+c}
\end{aligned}\right\} \quad (5-1)$$

式中，上标 $1,2,\cdots,n$ 表示 B 方飞机挂载第 $i(1\leqslant i\leqslant n)$ 种武器时对应的空战 Lanchester 方程，也就是说每一种武器对应一个 3 元微分方程组，式(5-1)是一个 $3\times n$ 元的微分方程组。

5.1.2 敌方杀伤力未知下的最优控制模型

5.1.2.1 最优控制的支付函数

1. 终端时刻固定

支付函数首先考虑 T 固定的情况。如果 B 方选择挂载武器 1，R 方采取最优攻击策略，对应的 B 方飞机在 T 时刻的个数期望为 $y_1^1(T)$；B 方选择挂载武器 2，对应的 B 方飞机在 T 时刻的个数期望为 $y_1^2(T)$；……；B 方选择挂载武器 n，对应的 B 方飞机在 T 时刻的个数期望为 $y_1^n(T)$。那么，对应的最优控制支付函数应当是最小化，即

$$J' = P_{\beta 1} y_1^1(T) + P_{\beta 2} y_1^2(T) + \cdots + P_{\beta n} y_1^n(T) \tag{5-2}$$

或者最大化，即

$$J' = P_{\beta 1} x^1(T) + P_{\beta 2} x^2(T) + \cdots + P_{\beta n} x^n(T) \tag{5-3}$$

即 R 方需要最小化 B 方飞机在 T 时刻的个数期望，或者最大化 R 方飞机在 T 时刻的个数期望。

与 β 已知时的情况类似，我们可以给出如下定理：

定理 5.1 在 B 方杀伤力未知的情况下，如果终端时刻固定，那么最大化 R 方飞机数量期望与最小化 B 方飞机数量期望等价。

证明 首先定义 $X(t) = P_{\beta 1} x^1(t) + P_{\beta 2} x^2(t) + \cdots + P_{\beta n} x^n(t)$，则有

$$\dot{X}(t) = P_{\beta 1} \dot{x}^1(t) + P_{\beta 2} \dot{x}^2(t) + \cdots + P_{\beta n} \dot{x}^n(t) =$$
$$-P_{\beta 1}\beta_1 y_1^1(t) - P_{\beta 2}\beta_2 y_1^2(t) - \cdots - P_{\beta n}\beta_n y_1^n(t) \tag{5-4}$$

定义 $T_0 = T - \Delta t, 0 < \Delta t < T$。在 T_0 时刻，根据式(5-4)对 $X(t)$ 进行一阶泰勒展开，可得

$$X(t) = X(T_0) + \dot{X}(T_0)(t - T_0) =$$
$$X(T_0) - (-P_{\beta 1}\beta_1 y_1^1(T_0) - P_{\beta 2}\beta_2 y_1^2(T_0) - \cdots - P_{\beta n}\beta_n y_1^n(T_0))(t - T_0) \tag{5-5}$$

令 $t = 0$，可得

$$X(0) = X(T_0) + (P_{\beta 1}\beta_1 y_1^1(T_0) + P_{\beta 2}\beta_2 y_1^2(T_0) + \cdots +$$
$$P_{\beta n}\beta_n y_1^n(T_0))T_0 \tag{5-6}$$

令 $Y(t) = P_{\beta 1}\beta_1 y_1^1(t) + P_{\beta 2}\beta_2 y_1^2(t) + \cdots + P_{\beta n}\beta_n y_1^n(t)$，则有

$$X(0) = X(T_0) + Y(T_0)T_0 \tag{5-7}$$

由于 $X(0)$ 是常数，则有

$$\max\{X(T_0)\} = \min\{Y_1(T_0)T_0\} \quad (5-8)$$

$T_0 > 0$,则有

$$\max\{X(T_0)\} = \min\{Y_1(T_0)\} \quad (5-9)$$

即

$$\max\{P_{\beta1}x^1(T_0) + P_{\beta2}x^2(T_0) + \cdots + P_{\beta n}x^n(T_0)\} =$$
$$\min\{P_{\beta1}\beta_1 y_1^1(T_0) + P_{\beta2}\beta_2 y_1^2(T_0) + \cdots + P_{\beta n}\beta_n y_1^n(T_0)\} \quad (5-10)$$

当 $\Delta t \to 0$ 时,可得

$$\max\{P_{\beta1}x^1(T) + P_{\beta2}x^2(T) + \cdots + P_{\beta n}x^n(T)\} =$$
$$\min\{P_{\beta1}\beta_1 y_1^1(T) + P_{\beta2}\beta_2 y_1^2(T) + \cdots + P_{\beta n}\beta_n y_1^n(T)\} \quad (5-11)$$

由于 $P_{\beta i}, \beta_i$ 为常数,且 $P_{\beta i} > 0, \beta_i > 0 (i=1,2,\cdots,n)$,那么对于任意 $x^i(T)(i=1,2,\cdots,n)$ 的增加,必然会导致 $y_1^j(T)(j=1,2,\cdots,n)$ 的减小。因此,可得

$$\max\{P_{\beta1}x^1(T) + P_{\beta2}x^2(T) + \cdots + P_{\beta n}x^n(T)\} =$$
$$\min\{P_{\beta1}y_1^1(T) + P_{\beta2}y_1^2(T) + \cdots + P_{\beta n}y_1^n(T)\} \quad (5-12)$$

即在 β 未知的时候,最大化 R 方飞机的数量期望与最小化 B 方飞机的数量期望等价。问题得证。

2. 终端时刻可变

如果终端时刻 T 不固定,那么分析方法与上述方法类似,对应的最优控制状态方程是式(5-1),支付函数同样应当是最小化:

$$J' = P_{\beta1}y_1^1(T) + P_{\beta2}y_1^2(T) + \cdots + P_{\beta n}y_1^n(T) \quad (5-13)$$

即最小化 B 方飞机的数量期望。

5.1.2.2 最优控制的约束条件和协态向量

由于在空战中作战双方采用空空导弹相互攻击,并且双方携带的弹药数量有限,因此需要给定作战双方的约束条件。

给定 R 方终端条件约束:

$$x^i(T) = \max\{0, x(0) - y_1(0)N_B \beta_i\}, \quad i=1,2,\cdots,n \quad (5-14)$$

式中,N_B 是 B 方一架飞机最多能够挂载的导弹数量。

给出 B 方终端条件约束:

$$y_1^i(T) + y_2^i(T) = \max\{\xi, y_1(0) + y_2(0) - x(0)N_R \alpha_{\max}\}, \quad i=1,2,\cdots,n$$
$$(5-15)$$

式中,N_R 是 R 方一架飞机最多能够挂载的导弹数量;$\alpha_{\max} = \max\{\alpha_1, \alpha_2\}$。

当 β 未知时,R 方很难选取一种合适的攻击策略来全部消灭不同 β 时的 B 方飞机。因此,β 未知时 B 方飞机数量很难为零。此时可以给定一个适当的大于零的参数 ξ,当 B 方飞机的剩余个数期望满足约束条件 $y_1^i(T) + y_2^i(T) = \xi$ 时,认为战斗结束。

令
$$m_{Ri} = \max\{0, x(0) - y_1(0) N_B \beta_i\}$$
$$m_{Bi} = \max\{\xi, y_1(0) + y_2(0) - x(0) N_R \alpha_{\max}\}$$

得到终端状态约束 G,则有

$$\left.\begin{aligned} x^i(T) - m_{Ri} &= 0 \\ y_1^i(T) + y_2^i(T) - m_{Bi} &= 0 \end{aligned}\right\} \quad (5-16)$$

为计算 KKT 条件,需要分析上述最优控制问题的协态方程和横截条件。

首先给出最优控制的 Hamilton 函数为

$$H = -\lambda_1 \beta_1 y_1^1 - \lambda_2 \alpha_1 x^1 \frac{y_1^1 u}{y_1^1 + y_2^1} - \lambda_3 \alpha_2 x^1 \frac{y_2^1}{y_1^1 + y_2^1} \frac{u}{(1-c)u+c} - \cdots -$$
$$\lambda_{3n-2} \beta_n y_1^n - \lambda_{3n-1} \alpha_1 x^n \frac{y_1^n u}{y_1^n + y_2^n} - \lambda_{3n} \alpha_2 x^n \frac{y_2^n}{y_1^n + y_2^n} \frac{u}{(1-c)u+c} \quad (5-17)$$

然后计算协态方程,有

$$\left.\begin{aligned}
\dot{\lambda}_1 &= -\frac{\delta H}{\delta x^1} = \lambda_2 \alpha_1 \frac{y_1^1 u}{y_1^1 + y_2^1} + \lambda_3 \alpha_2 \frac{y_2^1}{y_1^1 + y_2^1} \frac{u}{(1-c)u+c} \\
\dot{\lambda}_2 &= -\frac{\delta H}{\delta y_1^1} = \lambda_1 \beta_1 + \lambda_2 \frac{\alpha_1 x^1 y_2^1 u}{(y_1^1 + y_2^1)^2} - \lambda_3 \frac{\alpha_2 x^1 y_2^1 u}{[(1-c)u+c](y_1^1 + y_2^1)^2} \\
\dot{\lambda}_3 &= -\frac{\delta H}{\delta y_2^1} = -\lambda_2 \frac{\alpha_1 x^1 y_1^1 u}{(y_1^1 + y_2^1)^2} + \lambda_3 \frac{\alpha_2 x^1 y_1^1 u}{[(1-c)u+c](y_1^1 + y_2^1)^2} \\
&\qquad\cdots\cdots \\
\dot{\lambda}_{3n-2} &= -\frac{\delta H}{\delta x^n} = \lambda_{3n-1} \alpha_1 \frac{y_1^n u}{y_1^n + y_2^n} + \lambda_{3n} \alpha_2 \frac{y_2^n}{y_1^n + y_2^n} \frac{u}{(1-c)u+c} \\
\dot{\lambda}_{3n-1} &= -\frac{\delta H}{\delta y_1^n} = \lambda_{3n-2} \beta_1 + \lambda_{3n-1} \frac{\alpha_1 x^n y_2^n u}{(y_1^n + y_2^n)^2} - \lambda_{3n} \frac{\alpha_2 x^n y_2^n u}{[(1-c)u+c](y_1^n + y_2^n)^2} \\
\dot{\lambda}_{3n} &= -\frac{\delta H}{\delta y_2^n} = -\lambda_{3n-1} \frac{\alpha_1 x^n y_1^n u}{(y_1^n + y_2^n)^2} + \lambda_{3n} \frac{\alpha_2 x^n y_1^n u}{[(1-c)u+c](y_1^n + y_2^n)^2}
\end{aligned}\right\} \quad (5-18)$$

可得横截条件为

$$\left.\begin{aligned}
\lambda_1(T) &= 0 \\
\lambda_2(T) &= P_{\beta 1} + \frac{\partial G}{\partial y_1^1(T)} v \\
\lambda_3(T) &= 0 \\
&\qquad\cdots\cdots \\
\lambda_{3n-2}(T) &= 0 \\
\lambda_{3n-1}(T) &= P_{\beta 1} + \frac{\partial G}{\partial y_1^n(T)} v \\
\lambda_{3n}(T) &= 0
\end{aligned}\right\} \quad (5-19)$$

式中，v 是 Lagrange 乘子。

5.2 仿真分析

5.2.1 算例 5.1

给定双方参战兵力分别为 $x(0)=300, y_1(0)=200, y_2(0)=400$，战斗持续时间 $T=8$ min，同时给定 R 方对 B 方兵力的杀伤系数 $\alpha_1=0.46, \alpha_2=0.56$，给定 $N_R=4, N_B=3, c=100$。B 方武器的单发期望杀伤个数和挂载概率见表 5-1。

表 5-1　B 方武器的期望杀伤个数和挂载概率

参　数	武器 1	武器 2	武器 3
单发期望杀伤个数/个	0.36	0.33	0.30
挂载概率	0.2	0.5	0.3

这时对应最优控制问题的状态方程形式是一个 9 元微分方程组，求解得到 β 未知情况下 R 方攻击阈值最优控制量。为了方便比较分析，这里一并给出 β 已知，并且当 β 分别取 $\beta=0.36, \beta=0.33, \beta=0.30$ 时的最优攻击阈值控制策略，如图 5-1 所示。

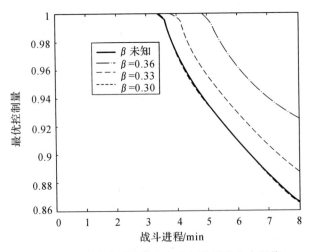

图 5-1　终端时刻固定的 R 方四种最优攻击阈值

分析图 5-1，总体上来看，在 β 未知的情况下，R 方的最优攻击阈值控制策略仍然是分为两个阶段：第一阶段，在战斗开始时刻，攻击阈值 $u(t) \equiv 1$；第二阶段

$u(t)$逐渐降低,这与β已知时的最优攻击阈值类似。

然后分析图5-1给出的4个最优攻击阈值。当β已知时,如果β越大,那么攻击阈值越偏向于积极主动的攻击策略。同时,若β越大,则$u(t)$开始下降的时刻越晚,最终的攻击阈值越高。也就是说在这种攻击阈值控制策略下,B方攻击力越强,对应的$u(t)$开始下降的时刻越晚,战斗结束时刻的攻击阈值越高,相应的$u(t)$下降得越为平缓。

β未知时的攻击阈值介于当β为已知时,$\beta=0.30$和$\beta=0.36$的两个最优攻击阈值之间。尽管$\beta=0.30$的概率小于$\beta=0.36$的概率,但是此时R方无人机的最优攻击阈值$u(t)$仍然非常接近于$\beta=0.30$时的攻击阈值。这说明当β未知时,$u(t)$的值应在β取最大值和β取最小值时的攻击阈值之间,并且应当非常接近于β取最小值时的攻击阈值。

当终端时刻固定时,由高斯伪谱法的KKT条件计算得到的协态向量随时间变化情况如图5-2所示。

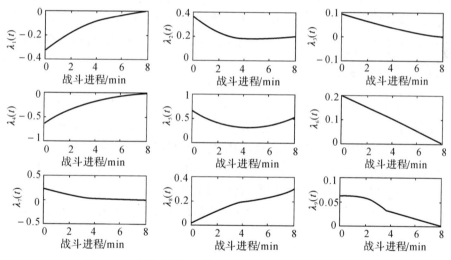

图5-2 终端时刻固定情况下的协态向量随时间变化图

图5-2中的协态向量满足终端时刻的横截条件式(5-19),从而可以说明当β未知时,基于高斯伪谱法得到的最优攻击阈值控制策略与采用间接法得到的最优攻击阈值控制策略二者一致。

表5-2首先给出在β已知的三种情况下,根据相应的β计算得到的支付函数,然后给出B方具体杀伤力的情况下,按照β未知的最优阈值控制计算得到的支付函数。

按照式(5-2)计算得到β未知时的支付函数$J'=21.80$。分析表5-2中数据,总体来说,不管β已知还是未知,若β越小,则B方飞机的剩余数量(或剩余期望数量)越少,即 B 方对 R 方的杀伤能力越弱,其剩余数量越少。

表 5-2 终端时刻固定,β 已知和未知两种情况下得到的支付函数

期望杀伤个数 β		$y_1(T)$ 或 $y_1^i(T)$
	0.36	26.324 4
β 已知	0.33	16.349 8
	0.30	10.825 9
	0.36	37.873 0
β 未知	0.33	21.958 3
	0.30	10.826 1

对比 β 已知时的三个 $y_1(T)$ 和 β 未知时三个 $y_1^i(T)$,若 β 越大,则 $y_1(T)$ 或 $y_1^i(T)$ 越大,也就是说 B 方飞机杀伤力越大,其剩余数量越多;并且 β 未知时 B 方飞机的剩余期望数量大于 β 已知时的剩余数量。这说明缺少敌方武器信息情况下的作战效果不如对方武器信息已知时的作战效果,而且 β 越大,这种差距越大。

5.2.2 算例 5.2

给定双方兵力分别为 $x(0)=300, y_1(0)=200, y_2(0)=400$;同时给定 R 方的杀伤系数 $\alpha_1=0.46, \alpha_2=0.56$;给定 $N_R=4, N_B=3, c=100$,战斗持续时间 T 未定。B 方所挂载武器的单发期望杀伤个数和挂载概率采用表 5-1 中的数据。

这是一个终端时刻可变的最优控制问题,用高斯伪谱法对其进行求解,可以得到相应的攻击阈值控制策略以及战斗持续时间 T。这里一并给出 β 未知以及 β 已知且 $\beta=0.36, \beta=0.33, \beta=0.30$ 三种情况下的最优攻击阈值控制策略,如图 5-3 所示。

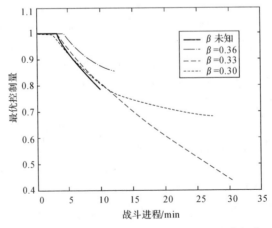

图 5-3 终端时刻可变的 R 方四种最优攻击阈值

分析上图中 T 不定情况下的 R 方最优攻击阈值。总体趋势是在开始时刻攻击阈值 $u(t)\equiv 1$,一段时间之后逐渐降低 $u(t)$。

分析 β 已知时的三个最优攻击阈值。总的来说,β 越大,R 方的攻击阈值越高;同时,β 越大,$u(t)\equiv 1$ 的持续时间越长,这意味着 B 方杀伤能力越强,最优攻击阈值 $u(t)$ 发生转折的时间越晚。换句话说,若 B 方的杀伤能力越强,则 R 方越需要在初始时刻对其进行尽可能多的毁伤。

对比不同 β 值对应的战斗持续时间,发现当 $\beta=0.36$ 时对应的战斗持续时间 T 最短,$\beta=0.30$ 时次之,$\beta=0.33$ 时的战斗持续时间最长。从以上结果来看似乎没有规律可循,但是结合表 5-3 给出的 $y_1(T)$ 进行分析可以发现,之所以 $\beta=0.33$ 对应的战斗持续时间长,是因为当 $\beta=0.33$ 时,作战双方实力最为接近,因此作战双方需要比较长的时间来决出战斗的胜负。

在 β 未知的情况下,最优攻击阈值的前半部分在 β 取最大值和 β 取最小值时的攻击阈值之间,并且非常接近于 β 取最小值时的攻击阈值。但是 β 未知情况下的最优攻击阈值下降速度较快,因此最优攻击阈值的后半部分低于同时刻 β 已知时的任何一个攻击阈值。

图 5-4 给出在终端时刻可变时,通过 KKT 条件计算得到的协态向量随时间变化情况。

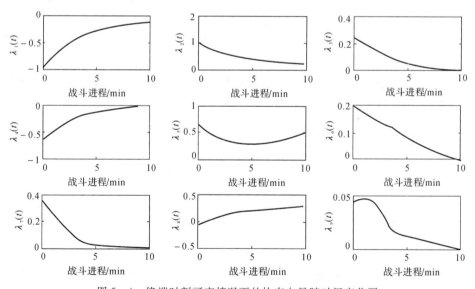

图 5-4 终端时刻可变情况下的协态向量随时间变化图

图 5-4 中的协态向量满足终端时刻的横截条件,进而说明高斯伪谱法得到的攻击阈值是最优的攻击阈值。

表 5-3 给出终端时刻 T 不定时,β 已知和未知两种情况下对应的支付函数和

最优的战斗持续时间。

表 5-3　终端时刻可变，β 已知和未知两种情况下的支付函数和战斗持续时间

期望杀伤个数 β		$y_1(T)$ 或 $y_1^i(T)$	T
β 已知	0.36	17.877 7	12.40
	0.33	1.171 0	30.41
	0.30	0.001 0	27.52
β 未知	0.36	35.506 8	9.93
	0.33	16.155 9	
	0.30	5.910 1	

按照式(5-13)计算得到 β 未知时的支付函数 $J'=16.93$。表 5-3 中数据表明，不管 β 已知还是未知，若 β 越小，则 B 方飞机的剩余数量（或剩余期望数量）越小，即 B 方的杀伤能力越弱，其剩余数量越少。

对比 β 已知时 B 方飞机的三个剩余数量 $y_1(T)$ 和 β 未知时 B 方飞机的三个剩余期望数量 $y_1^i(T)$，发现 $y_1(T)$ 均小于 $y_1^i(T)$。这说明对于 R 方，在缺少敌方武器信息情况下作战效果不如对方武器信息完全已知时的作战效果，并且当 β 越大时，这种差距越明显。

对比分析这四个战斗持续时间，发现 β 未知时的战斗持续时间小于 β 已知时的任何一个战斗持续时间，说明在敌方信息未知时，R 方很难对 B 方造成较大的杀伤，而 B 方能够在相对短的时间内对 R 方造成杀伤，使 R 方飞机数量降低到弹药约束下的最小值。

5.3　敌方杀伤力未知下自杀式无人机的最优攻击阈值

5.3.1　敌方杀伤力未知下自杀式无人机的 Lanchester 方程

假设 B 方飞机可以挂载 n 种机载武器，武器 1 对应的期望杀伤个数为 β_1，武器 2 对应的期望杀伤个数为 β_2，……，武器 n 对应的期望杀伤个数为 β_n。如果 B 方飞机选择挂载武器 1 的概率为 $P_{\beta 1}$，选择挂载武器 2 的概率为 $P_{\beta 2}$，……，选择挂载武器 n 的概率为 $P_{\beta n}$，可以得到 $P_{\beta 1}+P_{\beta 2}+\cdots+P_{\beta n}=1$。

此时对应的 Lanchester 方程为

$$\left.\begin{aligned}\frac{\mathrm{d}x^1(t)}{\mathrm{d}t} &= -\beta_1 y_1^1(t) - x^1(t)\frac{y_1^1(t)}{y_1^1(t)+y_2^1(t)}u(t) - \\ &\quad x^1(t)\frac{y_2^1(t)}{y_1^1(t)+y_2^1(t)}\frac{u(t)}{(1-c)u(t)+c} \\ \frac{\mathrm{d}y_1^1(t)}{\mathrm{d}t} &= -\alpha_1 x^1(t)\frac{y_1^1(t)}{y_1^1(t)+y_2^1(t)}u(t) \\ \frac{\mathrm{d}y_2^1(t)}{\mathrm{d}t} &= -\alpha_2 x^1(t)\frac{y_2^1(t)}{y_1^1(t)+y_2^1(t)}\frac{u(t)}{(1-c)u(t)+c} \\ &\quad \cdots\cdots \\ \frac{\mathrm{d}x^n(t)}{\mathrm{d}t} &= -\beta_n y_1^n(t) - x^n(t)\frac{y_1^n(t)}{y_1^n(t)+y_2^n(t)}u(t) - \\ &\quad x^n(t)\frac{y_2^n(t)}{y_1^n(t)+y_2^n(t)}\frac{u(t)}{(1-c)u(t)+c} \\ \frac{\mathrm{d}y_1^n(t)}{\mathrm{d}t} &= -\alpha_1 x^n(t)\frac{y_1^n(t)}{y_1^n(t)+y_2^n(t)}u(t) \\ \frac{\mathrm{d}y_2^n(t)}{\mathrm{d}t} &= -\alpha_2 x^n(t)\frac{y_2^n(t)}{y_1^n(t)+y_2^n(t)}\frac{u(t)}{(1-c)u(t)+c}\end{aligned}\right\} \quad (5-20)$$

式中,上标 $1,2,\cdots,n$ 表示 B 方挂载第 $i(1 \leqslant i \leqslant n)$ 种武器时对应的 Lanchester 方程,式(5-20)是一个 $3 \times n$ 元的微分方程。

5.3.2 敌方杀伤力未知下自杀式无人机的最优控制模型

5.3.2.1 最优控制的支付函数

1.终端时刻固定

如果 B 方挂载武器 1,R 方采取最优攻击阈值控制策略,对应的 B 方飞机在 T 时刻的个数期望为 $y_1^1(T)$;B 方选择挂载武器 2,对应的 B 方飞机在 T 时刻的个数期望为 $y_1^2(T)$;……;B 方选择挂载武器 n,对应的 B 方飞机在 T 时刻的个数期望为 $y_1^n(T)$。那么,对应的最优控制支付函数应当是最小化:

$$J' = P_{\beta_1} y_1^1(T) + P_{\beta_2} y_1^2(T) + \cdots + P_{\beta_n} y_1^n(T) \quad (5-21)$$

即 R 方需要使 B 方飞机在 T 时刻的个数期望达到最小值。

2.终端时刻可变

如果 T 不固定,支付函数依然是式(5-21)。如果 β 足够小,那么当 β 已知时,R 方可以选择合适的攻击阈值控制策略来全部消灭 B 方。但是当 β 未知时,R 方很难选取一种攻击策略来全部消灭不同 β 时的 B 方飞机,因此,β 未知时可以给定一个 B 方飞机的剩余个数期望 J_0,要求在终端时刻 B 方飞机的剩余数量期望 $J' < J_0$。那么相应的终端时刻状态约束 G 为

$$x(T)=0 \cup J'<J_0 \tag{5-22}$$

即在战斗结束时刻,要么 R 方的自杀式飞机数量为 0,要么 B 方飞机的剩余数量期望小于给定的 J_0。

5.3.2.2 最优控制的协态方程和约束条件

计算其协态方程:

$$\begin{aligned}
\dot{\lambda}_1 &= -\frac{\delta H}{\delta x^1} = \lambda_1 \left[\frac{y_1^1 u}{y_1^1+y_2^1} + \frac{y_2^1}{y_1^1+y_2^1} \frac{u}{(1-c)u+c} \right] + \\
&\quad \lambda_2 \alpha_1 \frac{y_1^1 u}{y_1^1+y_2^1} + \lambda_3 \alpha_2 \frac{y_2^1}{y_1^1+y_2^1} \frac{u}{(1-c)u+c} \\
\dot{\lambda}_2 &= -\frac{\delta H}{\delta y_1^1} = \lambda_1 \beta + \frac{y_2^1}{(y_1^1+y_2^1)^2} (\lambda_1 x^1 u + \lambda_2 \alpha_1 x^1 u) - \\
&\quad \frac{1}{(y_1^1+y_2^1)^2} \left[\frac{\lambda_1 x^1 y_2^1 u}{(1-c)u+c} + \frac{\lambda_3 \alpha_2 x^1 y_2^1 u}{(1-c)u+c} \right] \\
\dot{\lambda}_3 &= -\frac{\delta H}{\delta y_2^1} = \frac{y_1^1}{(y_1^1+y_2^1)^2} \left[\frac{\lambda_1 x^1 u}{(1-c)u+c} + \frac{\lambda_3 \alpha_2 x^1 u}{(1-c)u+c} \right] - \\
&\quad \frac{1}{(y_1^1+y_2^1)^2} (\lambda_1 x^1 y_1^1 u + \lambda_2 \alpha_1 x^1 y_1^1 u) \\
&\quad \cdots \cdots \\
\dot{\lambda}_{3n-2} &= -\frac{\delta H}{\delta x^n} = \lambda_{3n-2} \left[\frac{y_1^n u}{y_1^n+y_2^n} + \frac{y_2^n}{y_1^n+y_2^n} \frac{u}{(1-c)u+c} \right] + \\
&\quad \lambda_{3n-1} \alpha_1 \frac{y_1^n u}{y_1^n+y_2^n} + \lambda_{3n} \alpha_2 \frac{y_2^n}{y_1^n+y_2^n} \frac{u}{(1-c)u+c} \\
\dot{\lambda}_{3n-1} &= -\frac{\delta H}{\delta y_1^n} = \lambda_{3n-2} \beta + \frac{y_2^n}{(y_1^n+y_2^n)^2} (\lambda_{3n-2} x^n u + \lambda_{3n-1} \alpha_1 x^n u) - \\
&\quad \frac{1}{(y_1^n+y_2^n)^2} \left[\frac{\lambda_{3n-2} x^n y_2^n u}{(1-c)u+c} + \frac{\lambda_{3n} \alpha_2 x^n y_2^n u}{(1-c)u+c} \right] \\
\dot{\lambda}_{3n} &= -\frac{\delta H}{\delta y_2^n} = \frac{y_1^n}{(y_1^n+y_2^n)^2} \left[\frac{\lambda_{3n-2} x^n u}{(1-c)u+c} + \frac{\lambda_{3n} \alpha_2 x^n u}{(1-c)u+c} \right] - \\
&\quad \frac{1}{(y_1^n+y_2^n)^2} (\lambda_{3n-2} x^n y_1^n u + \lambda_{3n-1} \alpha_1 x^n y_1^n u)
\end{aligned} \tag{5-23}$$

式中,H 是 Hamilton 函数,且有

$$\begin{aligned}
H =& \lambda_1 \left[-\beta y_1^1 - \frac{x^1 y_1^1 u}{y_1^1+y_2^1} - \frac{x^1 y_2^1}{y_1^1+y_2^1} \frac{u}{(1-c)u+c} \right] - \\
& \lambda_2 \alpha_1 x^1 \frac{y_1^1 u}{y_1^1+y_2^1} - \lambda_3 \alpha_2 x^1 \frac{y_2^1}{y_1^1+y_2^1} \frac{u}{(1-c)u+c} - \cdots - \\
& \lambda_{3n-2} \left[-\beta y_1^n - \frac{x^n y_1^n u}{y_1^n+y_2^n} - \frac{x^n y_2^n}{y_1^n+y_2^n} \frac{u}{(1-c)u+c} \right] -
\end{aligned}$$

$$\lambda_{3n-1}\alpha_1 x^n \frac{y_1^n u}{y_1^n+y_2^n} - \lambda_{3n}\alpha_2 x^n \frac{y_2^n}{y_1^n+y_2^n} \frac{u}{(1-c)u+c} \tag{5-24}$$

如果终端时刻固定,得到协态方程对应的横截条件为

$$\left.\begin{aligned} \lambda_1(T) &= 0 \\ \lambda_2(T) &= P_{\beta 1} \\ \lambda_3(T) &= 0 \\ &\cdots\cdots \\ \lambda_{3n-2}(T) &= 0 \\ \lambda_{3n-1}(T) &= P_{\beta n} \\ \lambda_{3n}(T) &= 0 \end{aligned}\right\} \tag{5-25}$$

如果终端时刻可变,横截条件为

$$\left.\begin{aligned} \lambda_1(T) &= \frac{\partial G}{\partial x^1(T)} v \\ \lambda_2(T) &= P_{\beta 1} + \frac{\partial G}{\partial y_1^1(T)} v \\ \lambda_3(T) &= \frac{\partial G}{\partial y_2^1(T)} v \\ &\cdots\cdots \\ \lambda_{3n-2}(T) &= \frac{\partial G}{\partial x^n(T)} v \\ \lambda_{3n-1}(T) &= P_{\beta n} + \frac{\partial G}{\partial y_1^n(T)} v \\ \lambda_{3n}(T) &= \frac{\partial G}{\partial y_2^n(T)} v \end{aligned}\right\} \tag{5-26}$$

5.4 仿真分析

5.4.1 算例5.3

给定作战双方初始参战兵力分别为 $x(0)=900, y_1(0)=200, y_2(0)=400$,战斗持续时间设定为 $T=30$ min。给定 $\alpha_1=0.42, \alpha_2=0.73, c=500$。B方可以选择3种武器,对应的期望杀伤个数和挂载概率见表5-4。对于R方来说,B方具体选择何种武器是未知的。

表 5-4　B 方可供选择武器的期望杀伤个数和挂载概率

参　数	武器 1	武器 2	武器 3
单发期望杀伤个数	0.55	0.33	0.27
挂载概率	0.2	0.3	0.5

这时按照式(5-21)计算支付函数,然后用高斯伪谱法求解此最优控制问题,可以得到 β 未知情况下 R 方的最优攻击阈值控制策略。为方便比较分析,一并给出 β 已知且 $\beta=0.55$,$\beta=0.33$,$\beta=0.27$ 这三种情况下的最优攻击阈值控制策略,如图 5-5 所示。

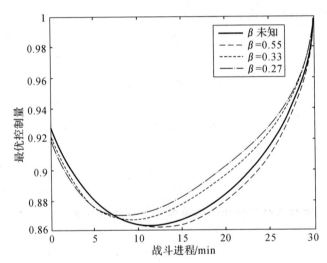

图 5-5　终端时刻固定的自杀式无人机四种最优攻击阈值控制策略

分析上图,在 β 未知的情况下,R 方的最优攻击阈值控制策略仍然是先降低攻击阈值 $u(t)$,然后逐渐提高 $u(t)$。这时的 $u(t)$ 介于 $\beta=0.27$ 和 $\beta=0.55$ 的最优攻击阈值之间。尽管算例中 $\beta=0.27$ 的概率大于 $\beta=0.55$ 的概率,但是此时的最优攻击策略仍然接近于 $\beta=0.55$ 情况下的攻击策略。这说明如果不能确定 β 的取值,R 方的最优攻击策略应当接近于 β 取最大值时的攻击策略,并且最优的攻击阈值介于 β 取最大值和最小值时的攻击阈值之间。

同时,若 β 已知,那么 β 越小,战斗开始时刻的 $u(t)$ 越小,战斗后期的 $u(t)$ 越大,并且 $u(t)$ 的转折时间越提前。说明在 T 固定的情况下,如果 B 方飞机对 R 方飞机的杀伤力 β 比较小,那么 R 方在战斗前期应当采取相对保守的攻击策略,后期应当采取相对积极的攻击策略,攻击策略由降到升的转折时间随 β 增加而后移,反之亦然。

根据 KKT 条件,给出由高斯伪谱法得到的终端时刻固定情况下的协态向量,如图 5-6 所示。

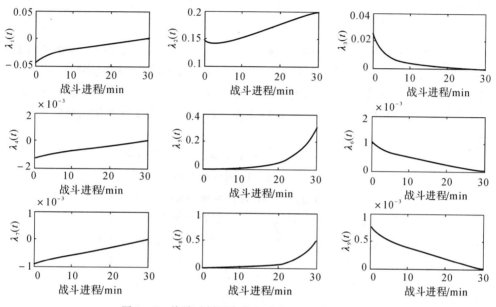

图 5-6　终端时刻固定的自杀式无人机协态向量

表 5-5 先给出 β 已知情况下,根据相应 β 计算得到的支付函数;然后给出在 β 未知的情况下,按照 R 方的最优攻击阈值控制策略计算得到的支付函数。

表 5-5　β 已知和未知两种情况下得到的支付函数

	期望杀伤个数 β	$y_1(T)$ 或 $y_1'(T)$
β 已知	0.55	4.846
	0.33	0.127
	0.27	0.054
β 未知	0.55	4.847
	0.33	0.128
	0.27	0.055

根据表 5-5 中 β 未知时的 $y_1'(T)(i=1,2,3)$,按照式(5-21)计算得到 $J'=1.04$。由表 5-5 可知,不管 β 已知还是未知,在给定的初始条件下,β 越小,则 B 方飞机剩余数量(或剩余期望数量)越少,即 B 方对 R 方的杀伤能力越弱,其剩余数量越少;同时,由表 5-5 可以看出在 β 取值相同的前提下,β 已知和未知两种情况

下B方飞机的剩余数量和数量期望相差不大,这说明本章所述攻击阈值控制计算方法具有一定的鲁棒性。

5.4.2 算例5.4

给定双方初始参战兵力分别为 $x(0)=900, y_1(0)=200, y_2(0)=400$,战斗持续时间 T 不定,给定 $\alpha_1=0.42, \alpha_2=0.73, c=500$。B方武器相关参数见表5-4,B方具体采用何种武器未知,给定 $J_0=0.99$。

图5-7给出 β 未知和 $\beta=0.55, \beta=0.33, \beta=0.27$ 四种情况下的最优攻击阈值控制策略。

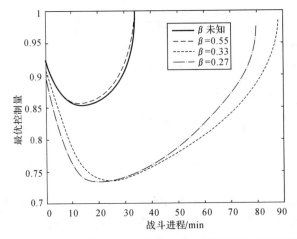

图5-7 终端时刻可变的自杀式无人机四种最优攻击阈值控制策略

由图5-7可知,在 T 不定的情况下,R方的最优攻击阈值控制策略同样是先降再升。β 未知情况下的最优攻击阈值在 $\beta=0.55$ 和 $\beta=0.27$ 的最优攻击阈值之间,并接近于 $\beta=0.55$ 时的最优攻击阈值。这说明在 T 不定的情况下,R方的最优攻击阈值同样在 β 取最大值的攻击阈值和 β 取最小值时的攻击阈值之间,并且接近于 β 取最大值时的攻击阈值。

根据KKT条件,可得终端时刻可变情况下的协态向量,如图5-8所示。

表5-6给出 β 已知和未知两种情况下的支付函数和相应的战斗持续时间。

表5-6 终端时刻可变情况下得到的支付函数和战斗持续时间

	期望杀伤个数 β	$y_1(T)$ 或 $y_1^i(T)$	T/min
	0.55	4.745	34.031
β 已知	0.33	0	88.448
	0.27	0	80.014

续表

期望杀伤个数 β		$y_1(T)$ 或 $y_1^i(T)$	$T/\min$
β 未知	0.55	4.746	
	0.33	0.062	34.192
	0.27	0.024	

根据表 5-6 中相关数据,按照式(5-21)计算得到 $J'=0.98<J_0$。若 β 已知,那么当 β 取值为 0.33 和 0.27 时,B 方飞机将会被全部消灭,并且若 β 越小,则 T 越小。这说明在 β 不够大的情况下,B 方飞机能够被全部消灭,并且如果 B 方飞机能够被全部消灭,那么其杀伤能力越弱,战斗持续时间越短。

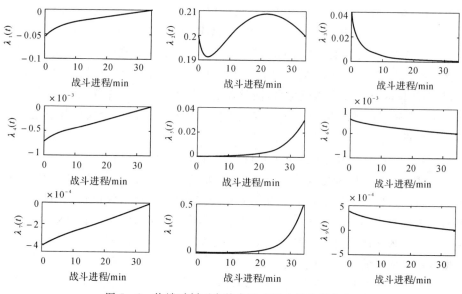

图 5-8 终端时刻可变的自杀式无人机协态向量

若 β 未知,那么最优的战斗持续时间 T 接近于 β 已知且 $\beta=0.55$ 时的战斗持续时间。当 β 未知时,$y_1^i(T)(i=1,2,3)$ 均不为零,这说明 β 未知时,R 方很难找出合适的攻击策略来全部消灭 B 方;但是 β 取值为 0.33 和 0.27 时的 B 方飞机期望数量很小,这说明如果 B 方的杀伤能力较弱,R 方可以通过采取合适的攻击策略,将 B 方的飞机数量控制在一个很低的水平。比较两种情况下的 $y_1(T)$ 和 $y_1^i(T)$ 可知,当 $\beta=0.33$ 时,$y_1(T)$ 和 $y_1^i(T)$ 相差最大,差值为 0.062。但是相对于初始数量 $y_1(0)=200$ 来说这仍然是一个很小的值。这说明当战斗持续时间不确定时,本章所述自杀式无人机的攻击阈值控制策略具有一定的鲁棒性。

5.5 本章小结

本章主要对敌方杀伤力未知情况下,我方歼击型无人机和自杀式无人机的最优攻击阈值控制问题进行了研究,得到的结论归纳如下。

(1) 当 R 方飞机为歼击型无人机的时候,可以得到以下结论:

1) 最大化 R 方飞机的数量期望与最小化 B 方飞机的数量期望二者本质上是等价的。

2) 本章得到了 B 方飞机的杀伤力 β 未知情况下 R 方歼击型无人机的最优攻击阈值控制策略。在敌方杀伤力未知的情况下,R 方的最优攻击阈值控制策略仍然是分为两个阶段:第一阶段,在战斗前期,攻击阈值恒等于 1,攻击每一个遇到的敌方目标;第二阶段则需要逐渐降低攻击阈值 $u(t)$。

3) 在 β 已知的情况下,如果 β 越大,那么 R 方越应当采取积极主动的攻击策略。若 β 越大,攻击阈值开始下降的时刻越晚,最终的攻击阈值越高。也就是说在这种攻击阈值控制策略下,若 B 方攻击力越强,R 方攻击阈值开始下降的时刻越晚,战斗结束时刻的攻击阈值越高,同时攻击阈值下降的越为平缓。

4) β 未知时的攻击阈值介于 β 取最大值和最小值时的两个阈值控制之间,并且应当接近于 β 取最小值时的攻击阈值。

(2) 当 R 方飞机为自杀式无人机的时候,可以得到以下结论:

1) 通过建模分析和仿真计算,得到了 B 方飞机杀伤力 β 未知情况下 R 方自杀式无人机的最优攻击阈值控制策略。这时 R 方的最优攻击阈值控制策略与 β 已知时的最优攻击阈值控制策略类似,都是先降低攻击阈值,然后逐渐提高攻击阈值。最优的攻击阈值介于 β 取最大值和最小值时的两个攻击阈值之间,并且接近于 β 取最大值时的攻击阈值。

2) 在 β 未知的时候,不管战斗持续时间固定还是可变,按照本章攻击阈值控制计算方法得到的作战结果均与 β 已知时的作战结果相差不大,这明本章所述攻击阈值控制计算方法具有一定的鲁棒性。

第六章 基于改进对数法的无人作战航空综合体效费分析

在飞机的设计、生产和使用过程中,除了作战效能以外,购买和维持这些武器装备正常运作所要花费的费用,也是飞机制造方和使用者所关心的一个重要问题。因此,本章从无人机的作战效能和寿命周期费用入手,对无人作战航空综合体进行效费分析。先给出了一种描述无人机作战效能的改进对数法,然后讨论如何在保证无人作战航空综合体作战效能的同时又满足其寿命周期费用的要求。

6.1 基于改进对数法的无人机作战效能评估

现有的对数法作战效能评估模型是以有人机为研究对象的[200-202],因此不能直接应用到对无人机的作战效能评估之中。但是无人机的一些技术参数之间的关系与有人机是相同的或者是类似的,因此,本章在有人机对数法的基础上进行改进,将无人机自身的特点和有人机的作战效能评估方法相结合,从而得到综合对空作战、对地攻击、目标侦察能力的无人机效能评估模型。

6.1.1 对空作战能力评估

类似于有人机,无人机的对空作战能力表示为

$$C = \left[\ln B + \ln\left(\sum A_1 + 1\right) + \ln\left(\sum A_2\right)\right]\varepsilon_1\varepsilon_2\varepsilon_3\varepsilon_4 \quad (6-1)$$

式中,B 为机动性参数;A_1 为火力参数;A_2 为探测能力参数;ε_1 为制导能力系数;ε_2 为生存力系数;ε_3 为航程系数;ε_4 为电子对抗系数。其中,A_1,ε_2,ε_3,ε_4 等参数可按照文献[203]中的法给出,这里不再赘述。

有人战斗机的操纵能力系数(ε_1)与驾驶员的座舱布局、飞机的操作系统和可视化装置等因素有关。无人机不搭载飞行员,可照有关文献[204-206],可用无人机的制导能力系数(ε_1)取代有人战斗机的操纵能力系数(ε_1),制导能力系数是对不同方式制导系统的能力度量[205]。其取值准则:采用自主制导(惯性制导、多普勒雷达制导、地形匹配制导)的无人机,取值 0.7,采用遥控制导(激光波束制导、无线电制导、全球卫星制导)的无人机取值 0.8,装有自动寻的(雷达、电视、红外自动寻的)制导系统的无人机取值 0.9。若无人机装有多种制导系统,则只选取 ε_1 值最大的一种计算。

对于探测能力参数 A_2，去掉飞行员的目视能力即可得到无人机的探测能力参数，则有

$$\sum A_2 = A_2^{\rm r} + A_2^{\rm IR} \qquad (6-2)$$

式中，$A_2^{\rm r}$ 和 $A_2^{\rm IR}$ 分别为雷达和红外搜索跟踪装置的探测能力参数。

6.1.2 对地攻击能力评估

无人机的对地攻击能力计算公式为

$$D = [\ln(当量航程) + \ln(当量载弹量)]\varepsilon_4 \qquad (6-3)$$

式中，ε_4 为无人机的电子对抗系数，式(6-3)中的当量航程是与无人机的最大航程(R)、突防系数(P_e)、远程武器系数(R_m)、和导航能力系数(P_n)有关的量，其计算公式如下：

$$当量航程 = R P_e R_m P_n \qquad (6-4)$$

影响无人机对地攻击的另外一个参数为飞机的当量载弹量。当量载弹量由最大载弹量(W_B)和对地攻击效率(P_a)的乘积决定。计算公式为

$$当量载弹量 = W_B P_a \qquad (6-5)$$

6.1.3 目标侦察能力评估

文献[207]中通过综合无人机的基本性能、机动性、探测能力、生存力、航程 5 项因素，提出一种无人机侦察效能评估方式，用公式表示为

$$C_{侦察} = (\ln B_1 + \ln \sum A_2)\xi_1 \xi_2 \xi_3 \qquad (6-6)$$

式中，B_1 为机动性参数；A_2 为侦察能力参数；ξ_1 为生存力系数；ξ_2 为航程系数；ξ_3 为基本性能参数。该模型全面地考虑了关系到无人机侦察效能的各种因素，但存在以下不足：

(1) 通过对"全球鹰"的分析发现无人侦察机主要依靠其高空高速能力保证其存活能力，机动性并不是很强，因此侦察效能评估中应当剔除机动性；

(2) 文献[207]中基本性能 ξ_3 的最大续航时间 $T_{\max}$ 与航程 ξ_2 存在重复，应当剔除最大续航时间 $T_{\max}$；

(3) 侦察能力 A_2 与雷达质量无关，故在 A_2 计算中去掉雷达质量；

(4) 参照经典的对空作战能力对数模型，巡航能力在整个侦察能力中的关系相当于机动性在空战能力中的关系，故应取巡航能力对数与探测能力对数相加，然后与其他项相乘；

(5) 电子对抗能力对于无人机来说是必不可少的，因此评估指标体系中应当增加电子对抗能力。

最终，通过修改得到与无人机的侦察能力有关的 5 个因素分别是：巡航能力参

数 U、侦察能力参数 A_2'、生存力系数 ε_2、航程系数 ε_3、电子对抗能力系数 ε_4。计算公式为

$$F = (\ln U + \ln A_2')\varepsilon_2\varepsilon_3\varepsilon_4 \tag{6-7}$$

巡航能力参数计算方法为

$$U = \left(\frac{V_{巡航}}{635} \times \frac{H}{15}\right)^{\frac{1}{2}} \tag{6-8}$$

式中,$V_{巡航}$ 为巡航速度,H 为实用升限;分母 635 和 15 分别代表典型侦察无人机的巡航速度(km/h)、实用升限(km)。

侦察能力参数 A_2' 由两部分组成:雷达侦察能力和红外侦察能力。

与空战能力中的探测能力稍有不同,侦察能力需要去掉同时允许攻击目标数量,保留同时跟踪目标数量 m_1,然后增加探测设备的定位精度 $\Delta^r(m)$ 和分辨率 $\rho^r(m)$。从而得到雷达侦察能力计算公式:

$$A_2^r = (发现距离^2/4) \times \frac{搜索方位角}{360°} \times 发现目标概率 \times K_2 \times m_1^{0.05} \times (\Delta^r \times \rho^r) \tag{6-9}$$

红外侦察能力 A_2^{IR} 计算公式与上式相同,只是 K_2 取值不同。

总侦察能力为

$$\sum A_2' = A_2^r + A_2^{IR} \tag{6-10}$$

生存力系数 ε_2、航程系数 ε_3、电子对抗能力系数 ε_4 均与前面对空作战能力的计算方法相同。

综合上面分析,给出无人机的综合作战效能评估指标体系,如图 6-1 所示。

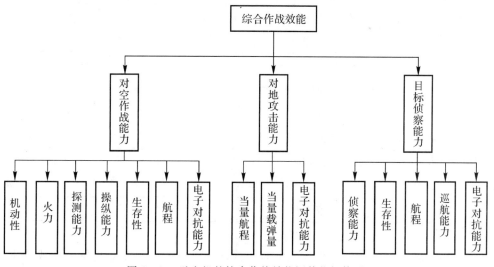

图 6-1 无人机的综合作战效能评估指标体系

从而得到无人机的综合作战效能计算公式为
$$E = \alpha_1 C + \alpha_2 D + \alpha_3 F \qquad (6-11)$$
式中，$\alpha_1,\alpha_2,\alpha_3$ 分别为对空作战、对地攻击、目标侦察的任务分配系数，三者之和应等于1。$\alpha_1,\alpha_2,\alpha_3$ 的不同反映了设计者或使用者对于无人机对空作战、对地攻击、目标侦察三种能力重视程度的不同。

6.1.4 仿真算例

这里用改进的对数法对3种无人机型A,B,C的综合作战效能进行评估，首先给出其单项作战能力评估参数，见表6-1。

表6-1 无人机单项作战能力评估参数

分项性能		A	B	C
对空作战能力	机动性 $\ln B$	2.01	1.93	1.70
	火力 $\ln(\sum A_1 + 1)$	6.48	6.51	7.17
	探测能力 $\ln(\sum A_2)$	9.07	5.33	4.87
	制导能力 ξ_1	0.8	0.9	0.9
	生存性 ξ_2	0.72	1.09	1.13
	航程 ξ_3	0.81	1.11	0.73
	电子对抗能力 ξ_4	1.03	0.83	1.05
	对空作战能力 C	8.44	12.45	10.20
对地攻击能力	当量航程 $\ln(RP_e R_m P_n)$	9.15	9.41	8.92
	当量载弹量 $\ln(W_B P_a)$	7.10	7.35	6.32
	电子对抗能 ξ_4	1.03	0.83	1.05
	对地攻击能力 D	9.42	13.91	16.00
目标侦察能力	侦察能力 $\ln(\sum A'_2)$	13.7	8.20	7.46
	生存性 ξ_2	0.72	1.09	1.13
	航程 ξ_3	0.81	1.11	0.73
	巡航能力 $\ln U$	1.99	1.31	1.29
	电子对抗能 ξ_4	1.03	0.83	1.0
	目标侦察能力 F	11.18	9.55	7.58

若取 $\alpha_1 = 0.2, \alpha_2 = 0.4, \alpha_3 = 0.4$，由式(6-11)可得A,B,C的综合作战效能 E_A, E_B, E_C 分别为 9.93, 11.87, 11.47。

从评估结果可以看出，A 型号无人机在保证一定的对空和对地作战能力基础上，具有较强的目标侦察能力，故其应当属于侦察型无人机；B 型号无人机的对空和对地作战能力最强，属于地空兼顾型无人作战飞机，同时其侦察能力较强，因此 B 机的综合作战效能最高；C 型号无人机的对地能力高于 A，B，所以 C 可以用来对地攻击。

军队在选购武器装备的时候作战效能是一个重要的考量因素，但是随着武器装备的价格越来越高，装备武器装备所要花费的费用也逐渐成为影响武器装备选购的一项重要因素。假设军方想要采购一款侦察为主兼具对空对地攻击能力的无人机，显然 A 型号无人机的侦察能力最强，同时也兼顾对空对地能力，符合要求。选择 A 型号无人机的可能性较大，但是如果它的采购费用和维护费用远高于 B 和 C，那么由于成本的限制，军方可能会优先考虑 B 或者 C。

本章下面将综合分析无人机的作战效能和寿命周期费用，并以此为基础来进行无人机作战航空综合体的效费优化。

6.2　无人作战航空综合体的效费分析

为了完成相应的作战任务，在功能上互相配合的作战飞机、地面或空中的指挥系统以及相应的航空工程和保障设施的统称为作战航空综合体[208]。按照作战用途的不同，作战航空综合体主要可分为歼击型、攻击型、侦察型和军事运输型等 4 种。由于现今的无人机没有被用来军事运输，因此本书所指的无人作战航空综合体包含歼击型无人机（用于空战）、攻击型无人机（用于对地攻击）、侦察型无人机（用于侦察）。

6.2.1　无人作战航空综合体的效能模型

假定某无人作战航空综合体拥有 N_1 架歼击型无人机，每一架无人机的空战能力为 C；有 N_2 架攻击型无人机，每一架无人机的对地攻击能力为 D；有 N_3 架侦察型无人机，每一架无人机的侦察能力为 F。如果歼击型无人机只用于空战，攻击型无人机只用于对地攻击，侦察型无人机只用于侦察，那么对于由 N_1 架歼击型无人机组成的战斗编队，其综合的空战能力是飞机数量和对空作战能力的函数，具体可表示为[209]

$$C' = CN_1^B \tag{6-12}$$

式中，B 为与作战飞机有关的调整系数。

当 $B>1$ 时，$C'>CN_1$，这意味着 N_1 架无人机的总体作战效能大于 N_1 架无人机的单个作战效能之和，协同作战能力较好；

当 $B=1$ 时，$C'=CN_1$，这意味着 N_1 架无人机的总体作战效能等于 N_1 架无人

机的单个作战效能之和,协同作战能力一般;

当 $B<1$ 时,$C'<CN_1$,这意味着 N_1 架无人机的总体作战效能小于 N_1 架无人机的单个作战效能之和,协同作战能力较差。

同理,由 N_2 架攻击型无人机组成的战斗编队,其综合的对地攻击能力为
$$D'=DN_2^B \qquad (6-13)$$

由 N_3 架侦察型无人机组成的战斗编队,其综合的侦察能力为
$$F'=FN_3^B \qquad (6-14)$$

从而无人作战航空综合体的作战效能可记为
$$E'=C'+D'+F' \qquad (6-15)$$

式中,E' 包含了无人作战航空综合体的空战能力、对地攻击能力和侦察能力,能够体现无人作战航空综合体的作战效能。

6.2.2 无人作战航空综合体的寿命周期费用

现代作战飞机集各种高精尖科技于一身,是技术密集型的装备,因此它必然也是经济密集型装备。高技术武器开发和制造需要消耗大量人力、物力和财力。在各国的武器装备不断推陈出新,更新换代的同时,相应的寿命周期费用呈几何级数快速增长。这迫使军方和相应的兵器工业部门在开展新型作战飞机的型号研发时,不得不慎之又慎,以避免出现财力的亏空或因为成本问题在竞争中处于下风。

早在 1983 年,美国的国防部就颁布了相关条令,将寿命周期费用作为飞机设计过程中的重要考量参数。

我国也出台了相应的寿命周期费用标准和政策:

GJB2993—97《武器装备研制项目管理》中,第 4.2 条有明确的规定:"武器装备研制应以实现武器装备系统作战效能和作战适应性为主要研制目标,反复进行经费、性能和进度之间的权衡,逐步确定优化的设计方案。"

在 GJB1364—92《装备费用-效能分析》规定了装备寿命周期过程中费用-效能分析的通用要求和一般分析程序。

寿命周期费用(life cycle cost,LCC)是指在预定的使用周期内,为武器装备的论证、研制、生产、使用、维修和保障、退役所付出的一切费用之和。寿命周期费用反映了武器装备的经济可承受性,寿命周期费用包括研制费用、生产费用和使用保障费用三项[210-212],计算公式为

$$LCC=RDT\&E+PC+O\&M\&S \qquad (6-16)$$

式中,RDT&E 为研制费用,包括研究、发展、实验和评审等阶段费用;PC 为生产费用;O&M&S 为寿命周期内的使用保障费用。

无人作战航空综合体的作战效能与其寿命周期费用紧密相连,二者之间的关系可以粗略表示为

$$c_s = \sum_{i=1}^{3}[f_i(r_i)N_i + f_i(r_i)\exp(N_i/4)] \qquad (6-17)$$

式中，c_s 为无人作战航空综合体的寿命周期费用；系数 r_i 反映的是作战能力，$i=1$，2，3 分别对应空战能力、对地攻击能力和侦察能力，其中系数 r_1 对应的是无人机的空战能力，计算方法为

$$r_1 = \frac{C}{C_B} \qquad (6-18)$$

式中，C_B 表示在当前的技术条件下，不计成本和研制风险所能研制出的空战能力最强的无人机所具备的空战能力。因此，可以给定 $r_1 \in (0,1)$。同理可得

$$\left.\begin{aligned} r_2 &= \frac{D}{D_B} \\ r_3 &= \frac{F}{F_B} \end{aligned}\right\} \qquad (6-19)$$

同样，$r_2, r_3 \in (0,1)$。

$f_i(r)$ 为采购一架无人机的费用，$f_i(r)$ 包含了研制费用和生产费用，计算公式为

$$\left.\begin{aligned} f_1(r_1) &= a_1 r_1^{b_1} \\ f_2(r_2) &= a_2 \ln[1/(1-r_2)] + b_2 \\ f_3(r_3) &= a_3 \exp[b_3/(1-r_3)] \end{aligned}\right\} \qquad (6-20)$$

式(6-17)中的 $\exp(N_i/4)$ 反映的是无人机的使用保障费用，即在无人机的寿命周期内，为了维护无人机正常运作所需要的费用总和。

6.2.3 基于多目标差分进化算法的综合效费优化

在无人作战航空综合体的效费优化中，既希望它的寿命周期费用最小，同时又希望其作战效能最大，显然这是一个多目标的优化问题，优化的目标函数为

$$f = \begin{cases} \max[E'(C,D,F,N_1,N_2,N_3)] \\ \min[c_s(C,D,F,N_1,N_2,N_3)] \end{cases} \qquad (6-21)$$

优化变量包括单机的空战能力 C，对地攻击能力 D，侦察能力 F 以及对应的无人作战飞机个数 N_1, N_2, N_3。

优化过程中还须考虑约束条件，分别是无人作战航空综合体的总作战效能约束和总寿命周期费用约束：

$$\left.\begin{aligned} E' &\geqslant E_g' \\ c_s &\leqslant c_{sg} \end{aligned}\right\} \qquad (6-22)$$

此外，在实际作战中无人机的作战能力不可能太大或太小，因此需要给定单个无人机的作战能力约束：

$$\left.\begin{array}{l} C_{\min} \leqslant C \leqslant C_{\max} \\ D_{\min} \leqslant D \leqslant D_{\max} \\ F_{\min} \leqslant F \leqslant F_{\max} \end{array}\right\} \quad (6-23)$$

这样就建立起了无人作战航空综合体的效费优化模型，显然这是一个带约束的多目标优化问题，需要采用多目标优化算法进行求解。

6.2.3.1 多目标优化问题描述

1. 多目标优化问题的一般形式

多目标优化问题的一般描述如下[213-215]。

假设待优化的向量为 $\boldsymbol{X} = [x_1 \quad x_2 \quad \cdots \quad x_n]$，它需要满足以下的约束条件：

$$\left.\begin{array}{l} f(\boldsymbol{X}^*) = [f_1(\boldsymbol{X}^*) \quad f_2(\boldsymbol{X}^*) \quad \cdots \quad f_m(\boldsymbol{X}^*)] \\ \text{s. t.} : \begin{cases} g_i(\boldsymbol{X}) \geqslant 0, & i = 1, 2, \cdots, k \\ h_j(\boldsymbol{X}) = 0, & j = 1, 2, \cdots, l \end{cases} \end{array}\right\} \quad (6-24)$$

式中，m 是待优化目标的个数，通常情况下，各目标之间的关系是互相制约的，比如在无人机的效费优化中，既要求无人机的作战效能最大，同时还希望寿命周期费用最少，两个目标之间存在制约关系。多目标优化就是要在给定的约束下，得到合适的 $\boldsymbol{X}^* = [X_1^* \quad X_2^* \quad \cdots \quad X_n^*]$，使 $f(\boldsymbol{X}^*)$ 在满足约束条件的同时达到最优。

在多目标的优化问题中，有的目标函数要求使其目标值最大，而有的目标函数则希望其目标值最小；甚至会出现在处理同一个多目标优化问题时，目标函数的优化方向不一致的情况。对于存在极大、极小不一致的多目标优化问题，一般是把各个子目标函数统一转求其最小值，这样方便处理。

2. 个体之间的 Pareto 支配

$f(\boldsymbol{X})$ 是待优化问题的目标函数，$\boldsymbol{X}_1, \boldsymbol{X}_2 \in \Omega$，如果 $\forall i = (1, 2, \cdots, r)$，$f_i(\boldsymbol{X}_1) \leqslant f_i(\boldsymbol{X}_2)$ 并且 $\exists j = (1, 2, \cdots, r)$ 能够使 $f_j(\boldsymbol{X}_1) < f_j(\boldsymbol{X}_2)$，那么可称 X_1 Pareto 支配 X_2，记为 $X_1 < X_2$，亦可称 X_2 被 X_1 Pareto 支配。如果存在一个决策向量 $\boldsymbol{X}^*$，它能够不被其他解 Pareto 支配，那么 $\boldsymbol{X}^*$ 就是这个多目标优化问题的 Pareto 最优解，也可以称之为非劣最优解。

一般情况下，多目标优化问题中的 Pareto 最优解的个数不止一个，将优化得到的所有 Pareto 最优解看作是一个集合，那么这个集合就是多目标优化问题的非劣最优集，用 p^* 表示。

基于启发式进化算法的多目标优化，其本质就是在每一代的种群中不断搜索，得到当前的 Pareto 最优解；将所有 Pareto 最优解看作是一个集合，这个集合就是进化算法当前的非支配解集（非劣最优集）。然后不断搜索迭代，不断得到新的非支配集，从而能够不断地接近 Pareto 最优解，到达进化算法的 Pareto 最优前沿。

Pareto 最优前沿就是多目标优化问题中，由 Pareto 最优解计算得到的目标函

数,通常情况下用 PF^* 表示:

$$PF^* = \{f(\boldsymbol{X}) = (f_1(\boldsymbol{X}), f_2(\boldsymbol{X}), \cdots, f_r(\boldsymbol{X})) \mid \boldsymbol{X} \in \{\boldsymbol{X}^*\}\} \quad (6-25)$$

Pareto 最优解集 p^* 指的是优化变量(自变量),而 Pareto 最优前沿 PF^* 是根据 p^* 计算得到的目标函数。

3. Pareto 排序

Pareto 排序的本质是根据种群 M_g 中个体之间的支配关系对算法中优化得到的个体进行排序,从而可以得到当前代数的边界集,最后保留种群中前 N_p 个最优个体进入下一代种群。为了保持算法中解的多样性,需要计算最优个体间的拥挤距离,保证在当前算法种群中,Pareto 最优解集中的个体优于解集外的任何一个个体。这样在产生下一代群体的时候,就可以将等级高、聚集密度较小的个体保存下来,使其能够参与到下一代进化。

聚集密度的大小用拥挤距离表示。拥挤距离算法如下:

第一步,构造种群个体的边界集。对比种群 M_g 中的所有个体的目标函数值,从而能够得到 M_g 中的 Pareto 最优解,这些 Pareto 最优解组成一个集合,这个集合的对应级别为 1,记为 $P_s(1)$;剔除 M_g 中的 Pareto 最优解,得到 M_g',找出 M_g' 中的 Pareto 最优解,相应级别为 2,记为 $P_s(2)$。重复这个过程,就可以得到种群 M_g 中的 J 个边界集。

第二步,计算同一集合中,种群个体的拥挤距离 $\sigma(i)$。这里以个体 B 为例进行说明。如果与个体 B 相邻的两个个体是 A 和 C,那么个体 B 的拥挤距离算法如下:

$$\sigma(B) = \sum_{j=1}^{J} \mid f_j(A) - f_j(C) \mid \quad (6-26)$$

式中,$f_j(A)$,$f_j(C)$ 分别代表 A 和 C 在第 j 个待优化目标函数中的适应值。由于种群中的边界点不存在两个相邻的个体,因此式(6-26)不能应用于边界点的拥挤距离计算。出于种群的多样性考虑,这里令边界点的个体拥挤距离为无穷大。

考虑到 Pareto 最优解的多样性和分布的均匀性,要尽可能选择分布较为稀疏的个体,即个体的拥挤距离越大,越应当优先保留。

6.2.3.2 多目标差分进化算法

早在 2005 年,学者 Robic 就对多目标差分进化算法(multi objective differential evolution,MODE)进行了研究,提出了多目标差分进化算法的概念。多目标差分进化算法与其他基于 Pareto 竞争的差分进化算法类似,Robic 在算法中综合了个体之间的优劣比较和拥挤距离计算:

(1)个体之间的优劣比较。当前种群个体通过变异交叉等操作产生下一代种群个体。然后对比当前种群个体和产生的新种群个体二者之间的优劣情况。选择

两个种群中适应度高的个体进入下一代种群,如果存在个体之间互不支配的情况,那么保留互不支配的两个个体;

(2)通过计算拥挤距离来维持种群规模,并保持解的多样性,具体是通过去掉拥挤距离小的非劣个体来实现的。

通过种群个体之间的优劣比较和拥挤距离计算,可以实现如下目标:

(1)使优化得到的Pareto前沿靠近实际的最优解;

(2)尽可能地维持优化结果的多样性。

多目标差分进化算法[216-220]作为一种群体搜索优化算法,运行一次就能够得到一个或者多个Pareto最优解,而且差分进化算法对优化问题的本身要求比较低,可以求解不同类型的优化问题。因此,对于无人机综合效费分析中的多目标优化问题,本书采用多目标差分进化算法进行求解。

给出多目标差分进化算法流程如下:

步骤1 在问题的解空间随机初始化种群 $x_1^0, x_2^0, \cdots, x_N^0$,其中每个个体维数为 D 维,即 $\boldsymbol{x}_i^0 = [x_{i,1}^0 \quad x_{i,2}^0 \quad \cdots \quad x_{i,D}^0]$。

步骤2 假设当前种群为第 k 代,对于该种群中每一个个体 $\boldsymbol{x}_i^k (1 \leqslant i \leqslant N)$,根据如下规则产生下一代个体 $\boldsymbol{x}_i^{k+1}$。

(1)变异:在当前种群中随机选取 x_b^k, x_c^k 和 x_d^k,使得 b,c,d 与 i 互不相同,并按式(6-27)生成对应的变异个体 v_i^k:

$$v_i^k = x_d^k + F(x_b^k - x_c^k), \quad 0 \leqslant F \leqslant 2 \quad (6-27)$$

(2)交叉:为了提高种群的多样性,按式(6-28)生成对应的实验个体 u_i^k:

$$u_{i,j}^k = \begin{cases} v_{i,j}^k, & \text{rand}(j) \leqslant \text{CR} \\ x_{i,j}^k, & \text{其他} \end{cases} \quad (6-28)$$

式中,$1 \leqslant j \leqslant D$;rand$(j)$ 为 $[0,1]$ 间均匀分布随机数;CR 为交叉概率,$0 \leqslant \text{CR} \leqslant 1$;

(3)选择和裁剪:对原种群个体 x_i^k 和试验个体 u_i^k 进行选择,选取适应度好的个体进入下一代种群,并判断种群个体是否超过种群规模,一旦超过种群规模,就进行Pareto排序和裁剪操作。

如果满足算法终止条件,则算法停止,否则,返回步骤2。

多目标差分进化算法的算法流程如图6-2所示。

6.2.4 仿真算例

给定无人机的作战能力约束为 $C_{\min} = D_{\min} = F_{\min} = 7.2$,$C_{\max} = D_{\max} = F_{\max} = 16.2$,给定无人机的最大能力参数 $C_B = D_B = F_B = 18$。给定式(6-20)中的费用计算参数,见表6-2。

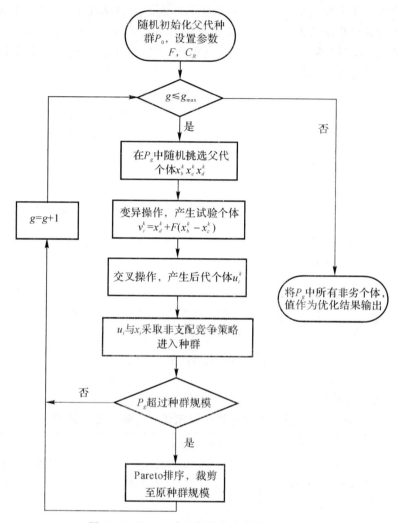

图 6-2　Pareto 多目标差分进化算法流程图

表 6-2　费用计算参数表

无人机类型	a_1, a_2, a_3	b_1, b_2, b_3
歼击型无人机	1.3	1.5
攻击型无人机	0.6	0.5
侦察型无人机	0.5	0.2

现要求对无人作战航空综合体的效费问题进行多目标优化,并且要求无人作战航空综合体的作战效能 $E' \geqslant 350$,寿命周期费用 c_s 不大于 40 亿元。用多目标差分进化算法进行优化,设置算法的迭代次数为 500,种群规模 50,优化得到的 Pareto 前沿如图 6-3 所示。

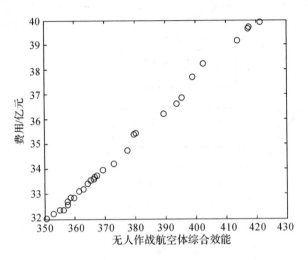

图 6-3　用多目标差分进化算法优化得到的 Pareto 前沿

部分优化结果见表 6-3。

表 6-3　多目标差分进化算法优化得到的部分结果

歼击型无人机作战能力	攻击型无人机作战能力	侦察型无人机作战能力	歼击型无人机配置个数	攻击型无人机配置个数	侦察型无人机配置个数	无人作战航空综合体的效能	寿命周期费用亿元
8.15	12.22	11.63	11	4	8	350.39	32.04
11.64	12.49	12.55	10	4	7	380.13	35.48
11.87	11.37	12.30	9	5	8	393.37	36.67
7.90	12.05	11.51	12	6	8	398.88	37.73
10.53	12.18	11.88	9	6	9	417.59	39.75

结合图 6-2 与表 6-3 可以看出,无人作战航空综合体的作战效能越大,寿命周期费用也越大;多目标差分进化算法在得到多个满足要求的解的,同时还保持了 Pareto 最优解分布的均匀性,因而不容易陷入局部最优。

6.3 本章小结

本章对无人机的作战效能和寿命周期费用进行了分析,主要工作和得到的结论可归纳为以下两点:

(1)借鉴有人机作战效能的对数模型,给出了一种适合无人机作战效能评估的改进对数法。这种改进的效能评估方法能够反映出无人机区别于有人机的自身固有特性,说明有人机的效能评估的对数法经过适当的修改完全可以应用于无人机的效能评估。

(2)进行了无人作战航空综合体的效费分析。首先建立了一种能够反映无人作战航空综合体的作战效能和寿命周期费用的优化模型,然后以无人作战航空综合体的作战效能最大化和寿命周期费用最小化为优化目标,采用多目标差分进化算法进行优化。仿真结果表明多目标差分进化算法能够得到多个均匀分布的满足约束条件的解,因而能够较好地解决无人作战航空综合体的效费优化问题。

第七章　基于灰色系统理论的无人机作战效能分析

随着无人机技术的不断发展,无人机系统日益庞大和复杂,伴随着系统组成的复杂和元器件的增多,其相应的任务可靠性难免受到影响,进而影响到无人机作战效能的发挥。因此除了空战能力、对地攻击能力、侦察能力以外,任务可靠性也成为关系无人机作战效能的一项重要因素。

然而由于任务可靠性的取值范围与对数法得到的作战能力差距较大,并且很难用一个具体而又准确的表达式来体现出任务可靠性与作战能力之间的关系。故本章先对无人机的任务可靠性进行分析,然后选取灰色系统理论来处理这种具有不确定性的评估问题,从而得到无人机的作战效能。

7.1　无人机的任务可靠性分析

作战飞机的任务可靠性[221-231]是指飞机在执行任务的飞行期间不出故障以致影响任务完成的概率。任务可靠性与飞机的平均故障间隔时间(mean time between failure,MTBF)直接相关,也与执行任务所需要的时间长短相关。其计算公式为

$$P = e^{-(飞行时间/MTBF)} \tag{7-1}$$

式中,P 是任务可靠性;e 是自然对数的底数。

鉴于无人机系统的复杂性和元器件的多样性,如果直接对无人机整体的可靠性进行分析,那么计算量将是非常惊人的,也是不现实的。如果飞机的主要设备或部件有 n 项,第 i 项的 MTBF 记为 MTBF_i,那么整个无人机的 MTBF 可近似计算如下[10]:

$$\text{MTBF} = \frac{1}{\sum_{i=1}^{n}(1/\text{MTBF}_i)} \tag{7-2}$$

当 MTBF_i 大于 1 000 的时候,其对任务可靠性影响很小,可以忽略不计。

由式(7-2)可见,如要计算飞机的 MTBF,则须计算飞机机载设备的 MTBF_i。给出 MTBF_i 的计算公式为

$$\text{MTBF}_i = \int_0^\infty R_i(t)\mathrm{d}t \tag{7-3}$$

式中，$R_i(t)$为机载设备的基本可靠性。

以上分析可知，任务可靠性的分析是以基本可靠性为基础的。因此，需要首先分析无人机的基本可靠性。无人机的综合控制由综合任务管理计算机（integrated mission management computer，IMMC）完成，综合任务管理计算机是无人机自主控制的核心部件，它的正常工作与否直接关系到任务的成败，因此这里选择综合任务管理计算机为机载设备的代表，对其进行基本可靠性分析，然后在得到基本可靠性的前提下，可以计算其任务可靠性，从而得到整个无人机的任务可靠性。

7.1.1 机载设备的代表——综合任务管理计算机

综合任务管理计算机是无人机完成自主控制的核心部件。自主控制包含很多复杂的功能，按照任务来说，需要完成自主决策、自主跟踪、自主导航、自主航迹规划、自主飞行控制等功能[232,233]。要完成上述功能，势必对无人机的综合任务管理计算机的可靠性提出了较高的要求。从组成上来说，无人机的综合任务管理计算机由多个元器件构成，这些元器件和子系统是完成自主控制其功能和任务的基本平台，每个元器件性能的优劣都直接决定着整个无人机自主控制系统的性能，从而能够影响到无人机的作战效能。

通常情况下，无人机的自主控制由相互独立的各个模块构成。各个模块通过总线进行连接和交互，这样有利于安装和维护，同时也便于可靠性的分析，从而能够及时发现并排除故障。下面给出典型无人机综合任务管理计算机的构成情况，并分析它的失效模式，从而为可靠性评估做准备。

7.1.2 典型无人机的综合任务管理计算机

相关文献已给出"全球鹰""捕食者""先锋者"等典型无人机的自主控制等级[234]。其中，"全球鹰"无人机的自主控制等级最高，因此本节以"全球鹰"的综合任务管理计算机为例进行可靠性分析。

"全球鹰"安装的两台综合任务管理计算机均由 VISTA 公司研制，其 CPU 是 G4PowerPC CPU，钟频能够达到 500 MHz。综合任务管理计算机是二余度的，它通过 VME 总线与传感器系统和伺服系统相连。VME 的开放式体系结构允许将来对系统功能要求的扩展，它能够通过增加插卡的方式来轻易扩展 I/O 接口，并且通过非加固的集成电路板来完成系统的原型化。

"全球鹰"无人机的综合任务管理计算机的主要功能是完成无人机的自主决策、对导航信息的融合、飞行控制的管理等任务。综合任务管理计算机通过接口与其他一些关键的飞机系统相连，每一个综合任务管理计算机都可以获得大气数据系统和导航系统的测量数据。冗余管理软件（redundancy management software，RMS）采用来自相同测量组件的数据，因此在没有故障的情况下，两台综合任务管理计算机输出的结果应该是一致的。两台综合任务管理计算机通过交叉通道数据链路(cross channel data link,CCDL)相连,这种连接是为了传递从传感器中读取的关键数据,RMS 根据另一台计算机的数据,来对自身传感器测量结果的合理性做出检查。

也就是说,"全球鹰"无人机的自主控制系统采用了余度技术,两台 IMMC 都能够进行故障检测,这是无人机的可靠性和费效折中的一个结果。"全球鹰"综合任务管理计算机的双冗余结构如图 7-1 所示。

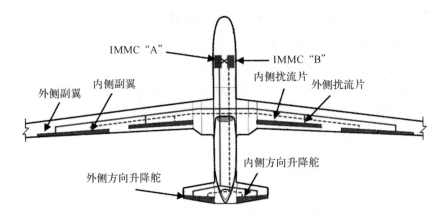

图 7-1 "全球鹰"综合任务管理计算机控制结构图

在正常情况下,两台计算机同时工作,一台计算机驱动一套控制系统,另一台驱动另一套控制系统,两台计算机之间没有主从关系。两台计算机通过交叉通道数据链路(CCDL)交换数据,如果机内自检测系统检测出其中一台计算机有故障,那么故障计算机将自动离线,另一台计算机将承担对飞机的完全控制。

通过对 IMMC 组成和工作方式的分析,可以得到以下几种失效模式:

(1) IMMC"A"失效,IMMC"B"失效;

(2) CCDL 先失效,IMMC"A"后失效;

(3) CCDL 先失效,IMMC"B"后失效;

即如果 CCDL 正常工作,那么允许两台综合任务管理计算机中有一台失效;但是如果 CCDL 先失效,就必须保证两台计算机都能够正常工作,因为 CCDL 先失效会导致正常工作的计算机不能接替失效计算机的工作。也就是说"全球鹰"综合任务管理计算机可靠性分析是一个动态、时序过程。因此,需要采用动态故障树方法进行分析。

7.1.3 基于动态故障树的可靠性分析

基本可靠性是指产品在规定的条件下和规定时间内完成规定功能的能力,是对产品无故障工作能力的度量。基本可靠性是分析任务可靠性的基础。如果在没有特殊说明的情况下,"可靠性"通常指的是基本可靠性。动态故障树的分析以静态故障树为基础,现有文献已有关于静态故障树完整、清晰的阐述[235],这里不再赘述。下面介绍几种常见的动态逻辑门和故障树处理方法。

7.1.3.1 常见的动态逻辑门

如果存在静态故障树无法处理的失效模式,那么就必须采用动态故障树的方法进行分析,给出如下几种常见的动态逻辑门[236]。

1. 功能触发门

功能触发门(functional dependency gate,FDEP)由三部分组成,其结构如图7-2所示。这三部分分别是基本事件输入、触发事件以及相应的输出。触发事件能够引起基本事件的发生,并且触发事件一旦发生,就会触发基本事件的发生,进而可以忽略基本事件对可靠性造成的影响。

2. 优先与门

优先与门结构如图7-3所示。它存在两个输入,只有当这两个输入按照一定的次序发生时,才能触发优先与门的输出。假设优先与门的两个输入分别为A和B,那么当A和B都发生,并且A比B先发生时,才会触发输出;如果A发生在B之后,或者A和B只发生一个,就不触发输出。

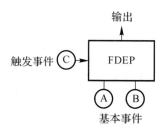
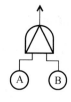

图7-2 功能触发门　　　　图7-3 优先与门

3. 顺序门

顺序门(sequence gate,SEQ)的特点是它能够使门下面的事件按照从左至右的顺序依次发生,这点与优先与门不同。顺序门可以有2个或多个输入,如图7-4所示。

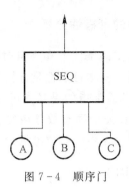

图 7-4 顺序门

优先与门和顺序门二者都能够反映出事件发生的时序性,而且通过合理地组合优先与门,可以完成顺序门的功能。

在建立了动态逻辑门之后,可以得到与其对应的马尔可夫(Markov)状态转移链,然后可以利用有关 Markov 状态转移链的相关方法,进行系统的可靠性计算。

7.1.3.2 故障树处理方法

当故障树只含有静态逻辑门时,就用一般的下行法或者上行法[235]来处理。

当系统含有动态逻辑门的时候,先将故障模式转化为动态逻辑门,然后就是向 Markov 状态转移链的转换,最后分析得到的 Markov 状态转移链,就可以求出系统的失效概率和可靠性。

如果得到的动态故障树比较复杂,那么在用动态故障树方法来分析系统的可靠性的时候,可以在整个的故障树中将动态逻辑门和其他的静态逻辑门进行区分,然后分别进行处理。

7.1.4 仿真算例

图 7-5 所示为两台综合任务管理计算机的体系结构。

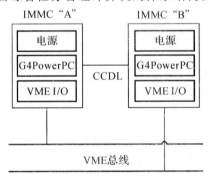

图 7-5 两台互为备份的 IMMC 体系结构

给出综合任务管理计算机的特征分析结果,见表 7-1。

表 7-1 IMMC 特征分析

分析内容	系统特征
系统构成模块类型	包括电源、CPU、VME 接口(I/O)、VME 总线、软件
余度相似性	软件是非相似余度(即不会因为一个软件问题导致两台计算机同时失效)
通道/支路内软硬件故障的相关性	不考虑硬件设计上的错误,那么 2 台 IMMC 之间的故障均不相关
系统静态和动态特性	每台 IMMC 的各硬件间相互独立,为串联关系;两台 IMMC 之间的关系为热备份关系,并且两台 IMMC 互为备份

因为一般电子产品的失效率都服从指数分布,所以综合任务管理计算机中所有部件的失效规律都是故障率为常数的指数分布;计算机的软件在投入使用以后,它的失效概率同样服从指数分布,因此,综合任务管理计算机所有部件的故障率均为常数。

(1) 假设两个 IMMC 之间的接口单元完全可靠,可以建立 IMMC 系统的故障树模型,如图 7-6 所示,这是一个静态的故障树,没有动态逻辑门。

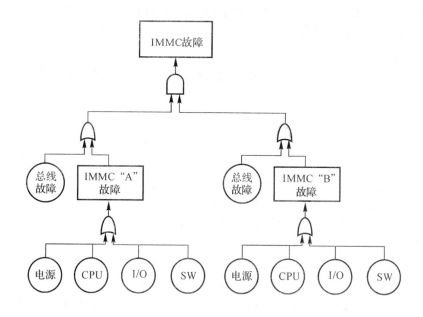

图 7-6 二余度并行 IMMC 故障树

图中 SW(software)代表计算机软件,系统各部件的失效率见表 7-2。

表 7-2　系统各部件失效率的取值

模块	失效率	取值/10^{-3} h
电源	λ_e	1.0×10^{-2}
CPU	λ_{cpu}	1.2
I/O	$\lambda_{I/O}$	1.0
总线	λ_{BUS}	1.0
SW	λ_{sw}	6.0

求得单个 IMMC 系统的失效率为

$$\lambda_{IMMC} = \lambda_e + \lambda_{cpu} + \lambda_{I/O} + \lambda_{BUS} + \lambda_{sw} = 7.21 \times 10^{-3} \text{ h} \tag{7-4}$$

单个 IMMC 的可靠性为

$$R_{IMMC}(t) = e^{-\lambda_{IMMC} t}, \quad t \geqslant 0 \tag{7-5}$$

整个系统的可靠性为

$$R_1(t) = 1 - (1 - e^{-\lambda_{IMMC} t})^2, \quad t \geqslant 0 \tag{7-6}$$

(2)如果两个 IMMC 之间的接口单元(即交叉通道数据链路,CCDL)不完全可靠,那么一旦 IMMC"A"或 IMMC"B"在 CCDL 故障后发生故障,另一台正常运作的计算机将无法接替它的工作,从而 IMMC 故障。建立 IMMC 系统的动态故障树模型,如图 7-7 所示。

由于 CCDL 的失效率 λ_{CCDL} 服从指数分布,因此可以得到基于故障率 λ_{IMMC} 和 λ_{CCDL} 的 Markov 状态转移图。

图 7-7 只含有一个动态逻辑门,但整个结构并不复杂,将其整个转换为 Markov 系统,得到图 7-8。

图 7-8 中:

状态 S_0 表示 CCDL 和 IMMC 全部正常工作;

状态 S_1 表示 CCDL 故障,IMMC 全部正常;

状态 S_2 表示 CCDL 和 IMMC"A"正常,IMMC"B"故障;

状态 S_3 表示 CCDL 和 IMMC"B"正常,IMMC"A"故障;

状态 S_4 表示 CCDL 和 IMMC"B"故障,IMMC"A"正常;

状态 S_5 表示 CCDL 和 IMMC"A"故障,IMMC"B"正常;

状态 F 表示系统故障,Δt 为从一个状态向另一个状态转移的时间间隔。

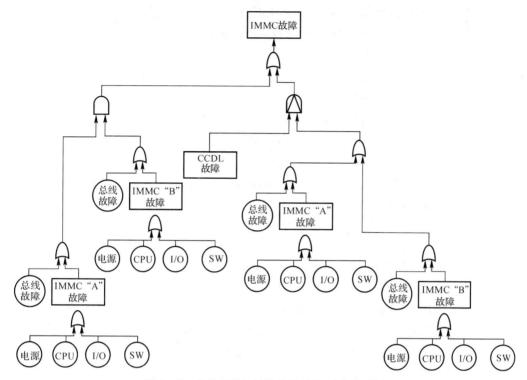

图 7-7 考虑 CCDL 故障的 IMMC 动态故障树

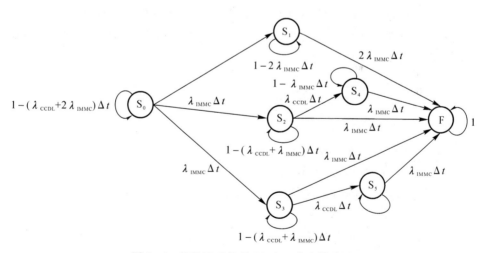

图 7-8 IMMC 系统的 Markov 状态转移图

根据图 7-8 所示的系统转移特征，可以得到 Markov 模型状态的可靠性方程描述如下：

$$\left.\begin{aligned}&P_{s0}(t+\Delta t)=[1-(\lambda_{\text{CCDL}}+2\lambda_{\text{IMMC}})\Delta t]P_{s0}(t)\\&P_{s1}(t+\Delta t)=\lambda_{\text{CCDL}}\Delta t P_{s0}(t)+(1-2\lambda_{\text{IMMC}}\Delta t)P_{s1}(t)\\&P_{s2}(t+\Delta t)=\lambda_{\text{IMMC}}\Delta t P_{s0}(t)+[1-(\lambda_{\text{CCDL}}+\lambda_{\text{IMMC}})\Delta t]P_{s2}(t)\\&P_{s3}(t+\Delta t)=\lambda_{\text{IMMC}}\Delta t P_{s0}(t)+[1-(\lambda_{\text{CCDL}}+\lambda_{\text{IMMC}})\Delta t]P_{s3}(t)\\&P_{s4}(t+\Delta t)=\lambda_{\text{CCDL}}\Delta t P_{s2}(t)+(1-\lambda_{\text{IMMC}}\Delta t)P_{s4}(t)\\&P_{s5}(t+\Delta t)=\lambda_{\text{CCDL}}\Delta t P_{s3}(t)+(1-\lambda_{\text{IMMC}}\Delta t)P_{s5}(t)\\&P_F(t+\Delta t)=2\lambda_{\text{IMMC}}\Delta t P_{s1}(t)+\lambda_{\text{IMMC}}\Delta t P_{s2}(t)+\lambda_{\text{IMMC}}\Delta t P_{s3}(t)+\\&\qquad\lambda_{\text{IMMC}}\Delta t P_{s4}(t)+\lambda_{\text{IMMC}}\Delta t P_{s5}(t)+P_F(t)\end{aligned}\right\} \quad (7-7)$$

式中,P_{si} 表征 t 时刻系统处于状态 s_i 的概率;$P_{si}(t+\Delta t)$ 表征 $t+\Delta t$ 时刻系统处于状态 s_i 的概率,求其导数,可得

$$P'_{si}=\lim_{\Delta t\to 0}\frac{(P_{si}(t+\Delta t)-P_{si}(t))}{\Delta t} \quad (7-8)$$

可得状态转移方程如式:

$$\left.\begin{aligned}&P'_{s0}(t)=-(\lambda_{\text{CCDL}}+2\lambda_{\text{IMMC}})P_{s0}(t)\\&P'_{s1}(t)=\lambda_{\text{CCDL}}P_{s0}(t)-2\lambda_{\text{IMMC}}P_{s1}(t)\\&P'_{s2}(t)=\lambda_{\text{IMMC}}P_{s0}(t)-(\lambda_{\text{CCDL}}+\lambda_{\text{IMMC}})P_{s2}(t)\\&P'_{s3}(t)=\lambda_{\text{IMMC}}P_{s0}(t)-(\lambda_{\text{CCDL}}+\lambda_{\text{IMMC}})P_{s3}(t)\\&P'_{s4}(t)=\lambda_{\text{CCDL}}P_{s2}(t)-\lambda_{\text{IMMC}}P_{s4}(t)\\&P'_{s5}(t)=\lambda_{\text{CCDL}}P_{s3}(t)-\lambda_{\text{IMMC}}P_{s5}(t)\\&P'_F(t)=\lambda_{\text{IMMC}}(2P_{s1}(t)+P_{s2}(t)+P_{s3}(t)+P_{s4}(t)+P_{s5}(t))\end{aligned}\right\} \quad (7-9)$$

由初始条件 $P_{s0}(0)=1;P_{s1}(0)=P_{s2}(0)=P_{s3}(0)=P_{s4}(0)=P_{s5}(0)=P_F(0)=0$,进行拉普拉斯变换可得

$$\left.\begin{aligned}&P_{s0}(S)=\frac{1}{S+\lambda_{\text{CCDL}}+2\lambda_{\text{IMMC}}}\\&P_{s1}(S)=\frac{\lambda_{\text{CCDL}}P_{s0}(S)}{S+2\lambda_{\text{IMMC}}}\\&P_{s2}(S)=\frac{\lambda_{\text{IMMC}}P_{s0}(S)}{S+\lambda_{\text{CCDL}}+\lambda_{\text{IMMC}}}\\&P_{s3}(S)=\frac{\lambda_{\text{IMMC}}P_{s0}(S)}{S+\lambda_{\text{CCDL}}+\lambda_{\text{IMMC}}}\\&P_{s4}(S)=\frac{\lambda_{\text{CCDL}}P_{s2}(S)}{S+\lambda_{\text{IMMC}}}\\&P_{s5}(S)=\frac{\lambda_{\text{CCDL}}P_{s3}(S)}{S+\lambda_{\text{IMMC}}}\\&P_F(S)=\frac{\lambda_{\text{IMMC}}(2P_{s1}(S)+P_{s2}(S)+P_{s3}(S)+P_{s4}(S)+P_{s5}(S))}{S}\end{aligned}\right\} \quad (7-10)$$

然后将式(7-10)进行拉普拉斯反变换,最终可以求得整个 IMMC 系统的故障概率为

$$P_F(t)=1-\mathrm{e}^{-2\lambda_{\mathrm{IMMC}}t}+\frac{2\lambda_{\mathrm{IMMC}}}{\lambda_{\mathrm{IMMC}}+\lambda_{\mathrm{CCDL}}}[\mathrm{e}^{-(2\lambda_{\mathrm{IMMC}}+\lambda_{\mathrm{CCDL}})t}-\mathrm{e}^{-\lambda_{\mathrm{IMMC}}t}] \quad (7-11)$$

进而可以求得 IMMC 系统的可靠性为

$$R_F(t)=1-P_F(t)=\mathrm{e}^{-2\lambda_{\mathrm{IMMC}}t}-\frac{2\lambda_{\mathrm{IMMC}}}{\lambda_{\mathrm{IMMC}}+\lambda_{\mathrm{CCDL}}}[\mathrm{e}^{-(2\lambda_{\mathrm{IMMC}}+\lambda_{\mathrm{CCDL}})t}-\mathrm{e}^{-\lambda_{\mathrm{IMMC}}t}] \quad (7-12)$$

CCDL 为单余度,给定其失效率 $\lambda_{\mathrm{CCDL}}=9\times10^{-4}$ h,仿真时间取 800 h,得到两种情况下的可靠性随时间的变化曲线,如图 7-9 所示。

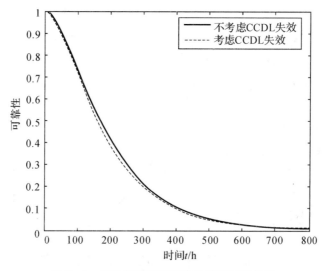

图 7-9 两种情况下的可靠性随时间变化图

图 7-9 中,两个可靠性随时间变化关系为:二者都是在开始的时候可靠性下降得比较快,工作一段时间之后,可靠性下降逐渐放缓;并且考虑 CCDL 失效情况下的可靠性小于不考虑 CCDL 失效情况下的可靠性。两种情况下的可靠性差距如图 7-10 所示。

分析两种情况下的可靠性差距,在开始工作的前 200 h,两种情况下的可靠性随着时间的推移,差距越来越大;在工作的后 600 h,两种情况下的可靠性差距越来越小。

根据上面分析得到的可靠性,可以计算 IMMC 的平均无故障工作时间:

$$\left.\begin{aligned}\mathrm{MTBF}_1&=\int_0^\infty R_1(t)\mathrm{d}t=208\text{ h}\\ \mathrm{MTBF}_F&=\int_0^\infty R_F(t)\mathrm{d}t=200\text{ h}\end{aligned}\right\} \quad (7-13)$$

式中,$MTBF_1$ 是不考虑 CCDL 失效的平均无故障工作时间;$MTBF_F$ 是考虑 CCDL 失效的平均无故障工作时间。

同理,可以得到无人机其他系统的平均无故障工作时间。假设发动机系统、通信系统以及武器管理系统的平均无故障工作时间分别为 188 h,223 h,194 h,其他系统的平均无故障工作时间大于 1 000,略去不算,那么由式(7-2)可以得到整个无人机的平均无故障工作时间为

$$MTBF_{整} = 1 / \left(\frac{1}{200} + \frac{1}{188} + \frac{1}{223} + \frac{1}{194} \right) = 50 \text{ h} \qquad (7-14)$$

如果无人机执行任务需要飞行 24 h,那么由式(7-1)可以得到该无人机的任务可靠性为 0.62。

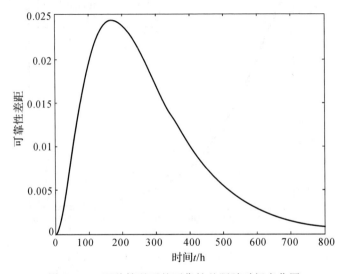

图 7-10 两种情况下的可靠性差距随时间变化图

7.2 基于灰色系统理论的作战效能建模与分析

7.1 节分析了无人机的任务可靠性,本节将结合无人机的任务可靠性来分析其作战效能。由于无人机的任务可靠性与其空战能力、对地攻击能力、侦察能力并不存在准确而又具体的表达式,因而这里选取灰色系统理论的方法来处理这种存在模糊和不确定性的效能评估问题,从而可以将无人机的任务可靠性融入无人机的作战效能评估体系之中。

7.2.1 无人机作战效能评估的指标体系构建

进行无人机作战效能评估的难点之一就是许多因素往往不能够(或者很难)进

行定量的测度或不能够直接得到一些因素对作战效能影响的表达式,因此通常情况下需要将效能评估问题进行分解,得到一些评估的指标,然后进行计算[237]。一般而言,用灰色系统理论来进行效能评估的第一步就是确定出一套合理而又准确的指标体系。

效能评估中指标体系的建立是一个"具体—抽象—具体"的辩证逻辑思维过程,构建效能评估的指标体系必须遵循一系列的基本原则,这主要包括科学性原则、客观性原则、完备性原则、敏感性原则、可比性原则、可操作性原则等与评估方法一致的原则。

本节结合无人机的作战使用,给出的效能评估指标体系如图7-11所示。

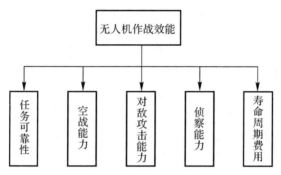

图 7-11 无人机作战效能评估指标体系

评估体系中的任务可靠性用来表示无人机是否故障,即无人机能否及时出现在战场上的指定位置;空战能力反映无人机的空中格斗能力;对地攻击能力能够反映无人机对地面目标进行攻击的能力;侦察能力反映的是无人机对目标进行侦察的能力;寿命周期费用反映的是飞机的经济可承受性,考虑无人机使用过程中的消耗和维护,保持无人机的战斗力需要花费一定的费用,因此寿命周期费用同样能够影响无人机作战效能的发挥,所以这里把寿命周期费用作为影响无人机效能的一项因素。

这样就建立了一套考虑无人机综合作战能力、任务可靠性和经济可承受性的效能评估体系,从而可以对无人机的作战效能进行全面评估。

7.2.2 基于灰色系统理论的作战效能评估步骤

在进行无人机的作战效能评估时,一直存在着参数信息不完整和信息模糊不确定的情况,而且评估指标中有时候也会存在边界信息不完全等问题,而灰色系统理论正是处理这类信息不完全问题的有力工具。

灰色系统理论是研究数据匮乏和充满不确定性的系统的一种有力工具,它能够对当前状态下的已知信息进行挖掘,从而提取其中的有价值的信息,以便有效地对未知系统进行分析和控制。因此,这种方法适合应用在本章的无人机作战效能评估之中。

灰色系统理论是由我国学者邓聚龙教授在1982年创立的,它是一门专门研究信息部分清楚、部分不清楚并带有不确定性现象的应用数学学科。传统的系统理论中,大部分研究的是信息比较充分的系统。对一些信息比较匮乏的系统,国内外的研究人员用黑箱的方法进行了研究,也取得了一些成果。但是,对一些内部信息部分已知、部分未知的灰色系统,研究得不是很充分。这一空白区域也就成为灰色系统理论的诞生之地。在客观世界中,大量存在不是信息完全已知的白色系统也不是信息完全未知的黑色系统,而是信息部分已知、部分未知的这种灰色系统。灰色系统理论正是以这种大量存在的灰色系统为研究对象,并且得到了较快发展。

在灰色系统理论中,"白"代表信息完全,"黑"代表信息缺乏,信息不完全或不充分的状态就称为"灰"。信息完全已知的系统是白色系统,信息完全未知的系统是黑色系统,处在白色系统和黑色系统之间,信息不完全明确的系统就是灰色系统(grey system)。这里的"信息不完全明确"可以是:

(1)系统的结构不完全明确;

(2)系统的因素不完全明了;

(3)各个因素之间的关系不完全清楚;

(4)系统的作用原理不完全可知。

任何事物或事物的形态都是在不同程度上的有序或无序的辩证统一,这种统一的测度称为灰度。在灰色系统理论中,"灰度"代表的是系统"灰"的程度。在不同的研究领域,灰度具有不同的内涵与名称。例如,热力学中"熵"就是灰度的一种。"熵"越大,灰度也就越大。系统中随机性的涨落,导致灰度的产生。随机性越大,则灰度越大。

灰色评估是基于灰色系统的理论和方法,这种方法对于某个系统或所属因子在某一时间段所处的状态,针对预期的目标,通过系统分析,做出半定性半定量的评估与描述,从而在更高层次上,实现对系统的整体水平和综合效果,形成可供比较的类别与概念。

下面介绍灰色评估的具体步骤。

1. 确定评估指标的权重

通常情况下,系统的评估体系中各个指标的重要度是不同的。因此首先需要分析各个指标的权重,最常用的权重分析方法是层次分析法(AHP)。

层次分析法是一种定性与定量相互结合的多目标决策分析方法,它为分析相互关联、相互制约的复杂问题提供了一种简单而又实用的分析方法。层次分析法通过分析复杂系统的有关要素及其相互关系,将其简化为有序的递阶层次结构,使这些要素归并为不同的层次,形成一个多层次的分析结构模型。最终把系统分析归结为最低层(供决策的方案,措施等)相对于最高层(总目标)的相对重要性权值的确定问题。

层次分析法的主要步骤如下:

(1)建造层次结构。将决策的目标、考虑的因素(决策准则)和决策对象按它们之间的相互关系划分为最高层、中间层和最低层,绘出层次结构图。

最高层:决策的目的、要解决的问题。

最低层:决策时的备选方案。

中间层:考虑的因素、决策的准则。

对于相邻的两层,则称高层为目标层,低层为因素层。

在图7-11中,最高层为无人机作战效能,最低层为任务可靠性、空战能力、对地攻击能力、侦察能力和寿命周期费用。最高层是最低层的目标层,最低层是最高层的因素层。

(2)构造判断矩阵。为了将各指标之间进行比较并得到量化,需要引入判断矩阵,判断矩阵元素的值表示人们对各因素关于目标的相对重要性的认识。在相邻的两个层次中,高层次为目标,低层次为因素,见表7-3。

表7-3 AHP法的指标权重标度

标度	含义
1	表示两个因素相比,具有同样的重要性
3	表示两个因素相比,一个因素比另一个因素稍重要
5	表示两个因素相比,一个因素比另一个因素重要
7	表示两个因素相比,一个因素比另一个因素重要得多
9	表示两个因素相比,一个因素比另一个因素极为重要
2,4	上述两判断的中间值(1和3;3和5)
6,8	上述两判断的中间值(5和7;7和9)
倒数	相应两因素交换次序比较的重要性

(3)层次单排序及其一致性检验。层次分析法的指标权重计算问题,可归结为判断矩阵的特征向量和最大特征值的计算,相应的计算方法包括方根法、和积法等。这里采用和积法为例,进行计算。

参照表7-3,可得判断矩阵如下:

$$A = \begin{bmatrix} a_{11} & a_{12} & \cdots & a_{1n} \\ a_{21} & a_{22} & \cdots & a_{2n} \\ \vdots & \vdots & & \vdots \\ a_{n1} & a_{n2} & \cdots & a_{nn} \end{bmatrix}$$

矩阵 A 中元素 a_{ij} 表示第 i 个元素相对于第 j 个元素的重要度，显然 A 中的对角线元素都为 1，并且 $a_{ij}a_{ji} \equiv 1$。

假设

$$A = \begin{bmatrix} 1 & 1 & 5 & 7 \\ 1 & 1 & 5 & 7 \\ 1/5 & 1/5 & 1 & 3 \\ 1/7 & 1/7 & 1/3 & 1 \end{bmatrix}$$

按列规范化，得到

$$A' = \begin{bmatrix} 0.427 & 0.427 & 0.441 & 0.389 \\ 0.427 & 0.427 & 0.441 & 0.389 \\ 0.085 & 0.085 & 0.088 & 0.167 \\ 0.061 & 0.061 & 0.029 & 0.056 \end{bmatrix}$$

并求其行平均，得到近似的特征向量：

$$W = \begin{bmatrix} 0.421 \\ 0.421 \\ 0.106\ 3 \\ 0.052 \end{bmatrix}$$

则其近似的最大特征根 $\lambda_{\max}$ 计算方法为

$$[AW]_i = \begin{bmatrix} 1 \times 0.42 + 1 \times 0.42 + 5 \times 0.1 + 7 \times 0.05 \\ 1 \times 0.42 + 1 \times 0.42 + 5 \times 0.1 + 7 \times 0.05 \\ (1/5) \times 0.42 + (1/5) \times 0.42 + 1 \times 0.1 + 3 \times 0.05 \\ (1/7) \times 0.42 + (1/7) \times 0.42 + (1/3) \times 0.1 + 1 \times 0.05 \end{bmatrix} = \begin{bmatrix} 1.69 \\ 1.69 \\ 0.418 \\ 0.203 \end{bmatrix}$$

$$\lambda_{\max} = \frac{1}{4} \times \left(\frac{1.69}{0.42} + \frac{1.69}{0.42} + \frac{0.418}{0.1} + \frac{0.203}{0.05} \right) = 4.072$$

在采用层次分析法进行权重赋值的时候，计算过程中可能会存在一定的误差，因此，为了提高权重评价的准确性，需要对判断矩阵进行一致性检验，给出检验算子为

$$CR = \frac{CI}{RI} \tag{7-15}$$

式中，$CI = \frac{\lambda_{\max} - n}{n - 1} = \frac{4.702 - 4}{4 - 1} = 0.024$，$n$ 为矩阵的维数；RI 为修正因子，针对不同

维数,其取值情况见表 7-4。

表 7-4 修正因子表

维数	1	2	3	4	5	7	7	8	9
RI	0	0	0.58	0.96	1.12	1.24	1.32	1.41	1.45

从而计算得到

$$CR = \frac{CI}{RI} = \frac{0.024}{0.9} = 0.027 < 0.1$$

由于当指标维数小于 3 的时候,判断矩阵很容易做到完全一致,故不需要计算一致性指标。

通常情况下,当 CR<0.1 时,认为该矩阵满足一致性要求;当 CR≥0.1 时,要对判断矩阵进行调整,并且需要找出判断矩阵中错误元素的位置所在。

层次分析法的主要思想是把一个复杂的问题表示为一个有序的层次结构,通过构造两两比较矩阵来计算各子指标层的相对权重。

2. 专家打分

假设共有 p 个专家来对给定的这些指标进行评分,分值范围为 1~10 分。如果第 $k(k=1,2,\cdots,p)$ 个专家给指标 A_{ij} 的打分为 d_{ijk},那么可以得到相应的评估样本矩阵 $\boldsymbol{D}$:

$$\boldsymbol{D} = \begin{bmatrix} d_{i11} & d_{i12} & \cdots & d_{i1p} \\ d_{i21} & d_{i22} & \cdots & d_{i2p} \\ \vdots & \vdots & & \vdots \\ d_{in1} & d_{in2} & \cdots & d_{inp} \end{bmatrix} \tag{7-16}$$

3. 计算评估灰类

评估灰类的计算是灰色评估的核心所在,计算评估灰类的最终目的是要给出相应的灰数,并计算其白化权函数。

灰数的本质是一个区间,通常情况下我们不知道它的具体数值,只能给出一个取值的范围。例如对于无人机的飞行高度,没有办法定义多高的飞行高度算是高空,但是可以指定一个大体的范围,如 15 km 以上的飞行高度就是高空飞行。而白化权函数则是判断一个评估指标属于某一个灰类的可能性或概率。在无人机的作战效能评估中,可以设定 5 个评估级别:优、良、中、次、差,相应的灰类记为 $e=1,2,3,4,5$。

通过对被评估对象(无人机)的具体分析,可以得到各个灰类对应的灰数和白化权函数如下:

(1)灰类 $e=1$,灰数 $\otimes 1 \in [7,9,\infty)$,其对应的白化权函数为

$$f_1(x) = \begin{cases} \dfrac{d_{qp}-7}{2}, & x \in [7,9) \\ 1, & x \in [9,\infty) \\ 0, & x \in (-\infty,0) \end{cases} \quad (7-17)$$

(2)灰类 $e=2,3,4$,灰数 $\otimes 2 \in [4,7,10]$,$\otimes 3 \in [2,5,8]$,$\otimes 4 \in [0,3,6]$ 其对应的白化权函数为

$$f_2(x) = \begin{cases} \dfrac{x-d_0}{d_1-d_0}, & x \in [d_0,d_1] \\ \dfrac{x-d_2}{d_1-d_2}, & x \in [d_1,d_2] \\ 0, & x \notin [d_0,d_2] \end{cases} \quad (7-18)$$

(3)灰类 $e=5$,灰数 $\otimes 5 \in [0,1,3]$,其白化权函数为

$$f_3(x) = \begin{cases} 1, & x \in [0,1) \\ -\dfrac{x-3}{2}, & x \in [1,3] \\ 0, & x \notin [0,3] \end{cases} \quad (7-19)$$

各个灰类的白化权函数示意图如图 7-12 所示。

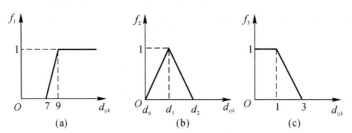

图 7-12 灰类的白化权函数

当 $e=1$ 时,按照式(7-17)所示的灰类白化权函数计算样本 D 中同一属性的 m 个专家所评分数的灰色评估系数,$e=2,3,4,5$ 同理。

4. 得到最终的评估结果

先得到相应的指标 U_{ij} 对应第 e 个灰类的灰色评估系数,记为 x_{ije},则有

$$x_{ije} = \sum_{k=1}^{p} f_e(d_{ijk}) \quad (7-20)$$

然后计算总灰色评估系数,记为 x_{ij},则有

$$x_{ij} = \sum_{e=1}^{5} x_{ije} \quad (7-21)$$

从而可以得到评估结果属于第 e 个灰类的灰色评估权,这里记为 r_{ije},计算公式如下:

第七章　基于灰色系统理论的无人机作战效能分析

$$r_{ije} = \frac{x_{ije}}{x_{ij}} \tag{7-22}$$

构造灰色评估权向量 r_{ij}，r_{ij} 中的元素是 U_{ij} 对应的灰色评估权 r_{ije}：

$$r_{ij} = [r_{ij1} \quad r_{ij2} \quad \cdots \quad r_{ij5}] \tag{7-23}$$

将 r_{ij} 组合成灰色评估矩阵，则有

$$\boldsymbol{R} = \begin{bmatrix} r_{i1} \\ r_{i2} \\ \vdots \\ r_{in_i} \end{bmatrix} = \begin{bmatrix} r_{i11} & r_{i12} & \cdots & r_{i15} \\ r_{i21} & r_{i22} & \cdots & r_{i25} \\ \vdots & \vdots & & \vdots \\ r_{in_i1} & r_{in_i2} & \cdots & r_{in_i5} \end{bmatrix} \tag{7-24}$$

对灰色评估矩阵进行加权处理，从而得到评估结果为

$$\boldsymbol{B} = \boldsymbol{w}^\mathrm{T} \boldsymbol{R} = [b_1 \quad b_2 \quad \cdots \quad b_5] \tag{7-25}$$

给定评估级别：优、良、中、次、差分别对应分数为 9,7,5,3,1。那么首先假设向量 $\boldsymbol{D} = [9 \quad 7 \quad 5 \quad 3 \quad 1]^\mathrm{T}$，然后将向量 $\boldsymbol{D}$ 与得到的评估结果 $\boldsymbol{B}$ 相乘，就可以求出无人机的作战效能评估值为

$$E = \boldsymbol{BD} \tag{7-26}$$

7.2.3　仿真算例

用灰色评估方法对无人机的作战效能进行评估。

(1)首先，采用层次分析法来确定任务可靠性、空战能力、对地攻击能力、侦察能力和寿命周期费用共五个指标的权重。具体构造的权重判断矩阵如下：

	任务可靠性	空战能力	对地攻击能力	侦察能力	寿命周期费用
任务可靠性	1	1/3	3	1	1/3
空战能力	3	1	5	3	1
对地攻击能力	1/3	1/5	1	1/3	1/5
侦察能力	1	1/3	3	1	1/3
寿命周期费用	3	1	5	3	1

上述矩阵中，无人机的空战能力和寿命周期费用权重的重要度是最高的，其次是无人机的任务可靠性和侦察能力，而赋予对地攻击能力较低权重，也就是说这种无人机型号的主要用途不是对地攻击。

参照前面给出的评估指标的权重计算方法，通过计算可以得到矩阵中各个元素的权重向量 $\boldsymbol{w} = [0.14 \quad 0.31 \quad 0.05 \quad 0.14 \quad 0.31]^\mathrm{T}$。

(2)然后进行专家打分。假定邀请 4 位专家对该无人机的效能评估指标进行

评分(1~10 分),那么可以得到一个 5×4 阶矩阵,即评估样本矩阵 S:

$$S = \begin{bmatrix} S_{11} & S_{12} & S_{13} & S_{14} \\ 5 & 8 & 7 & 7 \\ 8 & 6 & 7 & 9 \\ 9 & 7 & 8 & 9 \\ 6 & 8 & 8 & 7 \end{bmatrix}$$

式中,S 的每一行元素分别代表四位专家对任务可靠性、空战能力、对地攻击能力、侦察能力、寿命周期费用共 5 项指标的评分。假设无人机的可靠性较好,那么专家打分较高,给定 $S_{11}=S_{12}=S_{13}=S_{14}=9$。

(3)最后,确定评估灰类,并综合计算评估值。先是通过灰色评估的方法得到其在不同灰类下的评估系数,具体步骤如下:

1)确定评估灰类个数。将评估灰类分为五个等级,分别是:优、良、中、次、差,记为 $e=1,2,3,4,5$。

2)当 e 分别取 1,2,3,4,5 时,按照式(7-17)~式(7-19)的灰类白化权函数计算评分矩阵 S 中灰色评估系数。

3)将由第 2)步计算得到的灰色评估系数相加,得到总的灰色评估系数,并分别计算每一个评估系数在总评估系数所占比例,参照式(7-24),可以得到灰色评估矩阵为

$$R = \begin{bmatrix} 0.7500 & 0.2500 & 0 & 0 & 0 \\ 0.2000 & 0.4000 & 0.2667 & 0.1333 & 0 \\ 0.3600 & 0.4000 & 0.2400 & 0 & 0 \\ 0.6000 & 0.3200 & 0.0800 & 0 & 0 \\ 0.2500 & 0.5000 & 0.2500 & 0 & 0 \end{bmatrix}$$

4)计算其灰色评估结果 $B = w^T R = [0.3419 \quad 0.3782 \quad 0.1840 \quad 0.0416 \quad 0]$。

5)给定 $D = [9 \quad 7 \quad 5 \quad 3 \quad 1]^T$ 为灰色评价等级对应的分值组成的向量,则其最终的效能值为 $E = BD = 6.7685$。

同理,如果给定 $S_{11}=S_{12}=S_{13}=S_{14}=6$,那么可以得到 $E=6.4285$;

如果给定 $S_{11}=6, S_{12}=5, S_{13}=7, S_{14}=6$,那么可以得到 $E=6.3915$;

如果给定 $S_{11}=3, S_{12}=2, S_{13}=3, S_{14}=4$,那么可以得到 $E=6.0921$。

算例显示,任务可靠性越高,相应专家评分越高,无人机的作战效能越好;此外,虽然在 $S_{11}=S_{12}=S_{13}=S_{14}=6$ 和 $S_{11}=6, S_{12}=5, S_{13}=7, S_{14}=6$ 两种情况下平均得分一样,但是两种情况下的作战效能值是不一样的,即如果出现专家意见不一致的情况,那么不能够简单地把专家评分进行平均化处理,需要各自保留专家的具体打分。

7.3 本章小结

本章分析了无人机的任务可靠性,并在此基础上采用灰色系统理论对无人机的作战效能进行了评估,主要工作和得到的结论可以归纳为以下两点:

(1)首先分析了综合任务管理计算机的组成和工作方式,并给出它的故障模式。然后在得到的故障模式的基础上,采用动态故障树方法分析综合任务管理计算机的基本可靠性,从而可以得到综合任务管理计算机的平均无故障工作时间。最后根据平均无故障工作时间计算得到了无人机的任务可靠性。

(2)针对效能评估中存在的指标关系不完全清楚的情况,采用灰色系统理论的方法,综合无人机的任务可靠性、空战能力、对地攻击能力、侦察能力、寿命周期费用五项因素,对无人机的作战效能进行评估。总体来说,无人机的任务可靠性越好,对应的作战效能评估值越高,但是专家意见不一致的时候,不能够把专家评分进行平均化处理,需要保留其各自评分。

参 考 文 献

[1] 陈哨东,孙隆. 先进无人战斗机 UCAV 系统概念[J]. 火力与指挥控制,2003,28(6):10-13.
[2] 刘成立,吕震宙. 无人战斗机研究综述[J]. 航空科学技术,2002(4):24-27.
[3] 张洪贺. 浅议无人机对空军作战的影响[J]. 中国航天,1998(6):43-45.
[4] 陈贵春. 军用无人机[M]. 北京:解放军出版社,2008.
[5] 潘金宽. 世界典型无人机大盘点[J]. 环球军事,2009(8):54-56.
[6] 荣毅超,任宏光,刘颖. 关于无人机武器装备的思考[J]. 航空兵器,2008(1):3-6.
[7] 汪民乐,高晓光,蔡付东. 作战飞机效能分析研究综述[J]. 飞行力学,2001,19(4):1-5.
[8] 陈浩光,李云芝. 武器系统效能评估与评估创新[J]. 装备指挥技术学院学报,2004,15(4):1-5.
[9] 装备费用-效能分析:GJB 1364—1992[S]. 北京:国防科学技术工业委员会,1992.
[10] 朱宝鎏,朱荣昌,熊笑非. 作战飞机效能评估[M]. 北京:航空工业出版社,2006.
[11] HASKELL D F. System vulnerability and lethality in the development Phase[R]. ADA149737,1984.
[12] 陈遵银,葛银茂. 航空武器系统作战效能分析[J]. 航空计算技术 2001,31(4):21-23.
[13] 陈文奇. 防空导弹武器系统作战效能评估分析[D]. 厦门:厦门大学,2006.
[14] 高晓光. 作战效能分析的基本问题[J]. 火力与指挥控制,1998,23(1):56-59.
[15] 朱绍强. 攻击机作战效能评估的理论与方法研究[D]. 西安:西北工业大学,2002.
[16] 张安,卢广山. 飞机武器系统作战效能分析研究的进展[J]. 火力与指挥控制,2001,26(2):1-4.
[17] 郭晋媛,黄俊,颜丙新. 机载火控系统的对空作战效能分析[J]. 北京航空航天大学学报,2007,33(9):1033-1035.
[18] 傅攀峰,罗鹏程,周经伦. 对武器装备体系效能评估的几点看法[J]. 系统工程学报,2006,21(5):548-552.

[19] 陈遵银,葛银茂. 航空武器系统作战效能分析[J]. 航空计算技术,2001,31(4):21-23.

[20] 李海军,刘强昌,周立军. 电子干扰对空空导弹的作战效能影响分析[J]. 弹箭与制导学报,2009,29(2):314-316.

[21] 龚胜科,徐浩军,贾联慧,等. 基于粗糙集和模糊C均值聚类的空战效能评估[J]. 数学的认知与实践,2013,43(19):118-122.

[22] 付东,方程,王震雷. 作战能力与作战效能评估方法研究[J]. 军事运筹与系统工程,2006,20(4):35-39.

[23] 哀克余. 武器系统效能研究中几个问题的探讨[J]. 系统工程与电子技术,1991(11):51-57.

[24] 萧元星,毛和瑞. 系统效能建模方法综述[J]. 兵工学报,1997,18(3):256-259.

[25] KRESS M, TALMOR I. A new look at 3:1 rule of combat through Markov Stochastic Lanchester models[J]. Journal of the operational research society,1999,50(7):733-744.

[26] WILLARD D. Lanchester attrition of interpenetrating forces[J]. Naval Research Logistics,1999,37(1):31-59.

[27] TAYLOR J G. Lanchester-type models of warfare and optimal control[J]. Naval Research Logistics Quarterly,1974,21(1):79-106.

[28] EDUARDO G. Spatial Lanchester models[J]. European Journal of Operational Research,2011,210(3):706-715.

[29] TAYLOR J G, GBROWN G G. Annihilation prediction for lanchester-type models of modern warfare[J]. Operations Research,1983,31(4):752-771.

[30] ASFAR K R. Nonlinear oscillator lanchester damper[J]. Journal of Vibration,Acoustics,Stress,and Reliability in Design,1987,109(4):343-347.

[31] TAYLOR J G. Battle-outcome prediction for an extended system of lanchester-type differential equations[J]. Journal of Mathematical Analysis and Applications,1984,103(2):371-379.

[32] LUCAS T W. Fitting Lanchester equations to the battles of Kursk and Ardennes[J]. Naval Research Logistics,2004,51(1):95-116.

[33] SCHRAMM H C. Lanchester models with discontinuities:an application to networked forces[J]. Military Operations Research,2012,17(4):59-68.

[34] AMACHER M. Stochastic versions of lanchester equations in war gaming[J]. European Journal of Operational Research,1983,24(1):41-45.

[35] BATARSEH O L A. Interval-based simulation to model input

uncertainty in stochastic Lanchester models[J]. Military Operations Research,2013,18(1):61-75.

[36] SHEEBA,P S. Optimal resource allocation and redistribution strategy in military conflicts with lanchester square law attrition[J]. Naval Research Logistics,2008,55(6):581-591.

[37] 陈向勇,井元伟,李春吉,等. 一种基于 Lanchester 方程的交战取胜最优策略[J]. 控制与决策,2011,26(6):945-948.

[38] 陈向勇,井元伟,李春吉,等. 基于 Lanchester 方程的一类海战实例的决策分析[J]. 东北大学学报,2009,30(4):535-538.

[39] DUTTA P,PRATIHAR D K. Modeling of TIG welding process using conventional regression analysis and neural network - based approaches[J]. Journal of Materials Processing Technology,2007,184(1/2/3):56-68.

[40] GUTH D J,CARROLL R J,SIMPSON D G,et al. Categorical regression analysis of acute exposure to tetrachloroethylene[J]. Risk Analysis,1997,17(3):321-332.

[41] KOROL R M,CANHAM P B,LUCAS A R. Multiple regression analysis[J]. Biophotonics International,2005,12(8):47-48.

[42] SUGAWARA T, HOMMA N, AOKI T, et al. Profiling attack using multivariate regression analysis[J]. IEICE Electronics Express,2010,7(15):1139-1144.

[43] DUTTA P,PRATIHAR D K. Modeling of TIG welding process using conventional regression analysis and neural network - based approaches[J]. Journal of Materials Processing Technology,2007,184(1/2/3):56-68.

[44] GUTH D J,CARROLL R J,SIMPSON D G,et al. Categorical regression analysis of acute exposure to tetrachloroethylene[J]. Risk Analysis,1997,17(3):321-332.

[45] KOROL R M,CANHAM P B,LUCAS A R. Multiple regression analysis[J]. Biophotonics International,2005,12(8):47-48.

[46] SUGAWARA T, HOMMA N, AOKI T, et al. Profiling attack using multivariate regression analysis[J]. IEICE Electronics Express,2010,7(15):1139-1144.

[47] 王正元,刘靖旭,谭跃进,等. 基于仿真的主战坦克作战效能评估方法[J]. 计算机仿真,2005,22(1):29-32.

[48] 王少然,王瑞林,闫培新,等. 步兵分队城市作战效能的最小二乘灰色关联

分析[J]. 科学技术与工程,2006,6(18):2906-2909.

[49] 罗继勋,高晓光,李林森,等. 用非线性拟合方法研究机载武器装备的最优规划[J]. 西北工业大学学报,1999,17(B12):137-140.

[50] 薄涛. 格斗空战行为建模技术研究[D]. 长沙:国防科学技术大学,2002.

[51] AMONTAS S,RAGUOTIS R,BUMELIENE S. Monte Carlo calculations of the electron impact ionization in n-type InSb crystal[J]. Semiconductor Science and Technology,2013,28 (2):1-3.

[52] FONARIC M,IGLIC A,KROLL D M,et al. Monte Carlo simulations of a polymer confined within a fluid vesicle[J]. Soft Matter,2013,9(15):3976-3984.

[53] KALANTARI N K,SEN P. Removing the noise in Monte Carlo rendering with general image denoising algorithms[J]. Computer Graphics Forum,2013,32(2):93-102.

[54] KUPPA V K. Molecular weight distribution effects on the structure of strongly adsorbed polymers by Monte Carlo simulation[J]. Journal of Chemical Physics,2012,136(21) 1-13.

[55] MORON C,MAGANTO F J,TREMPS E,et al. Monte Carlo simulation of circular grain growth[J]. Physica Status Solidi Current Topics in Solid State Physics,2011,8(11):3135-3138.

[56] POROPUDAS J,VIRTANEN K. Game theoretic validation of air combat simulation models[J]. IEEE transactions on Systems, Man and Cybernetics,2010,40(5):1057-1070.

[57] 罗德林,王彪,龚华军,等. 基于SAGA的协同多目标攻击决策[J]. 哈尔滨工业大学学报,2007,39(7):1154-1158.

[58] 刘波,张选平,王瑞,等. 基于组合拍卖的协同多目标攻击空战决策算法[J]. 航空学报,2010,31(7):1433-1444.

[59] CUMMINGS M L,MITCHELL P J. Automated scheduling decision support for supervisory control of multiple UAVs[J]. Journal of Aerospace Computing Information and Communication,2006,3(6):294-308.

[60] 刘波,覃征,邵利平,等. 基于群集智能的协同多目标攻击空战决策[J]. 航空学报,2009,30(9):1127-1139.

[61] NARAYANA R P,SUDESH K K,GIRIJ A G. Situation and threat assessment in BVR combat[C]//AIAA Guidance,Navigation,and Control Conference. Portland:AIAA,2011:1-6.

[62] OKELLO N, THORNS G. Threat assessment using bayesian networks [A]// Proceedings of the Sixth International Conference of Information Fusion[C]. Queensland, Australia, 2003:1102-1109.

[63] 胡云安,刘振,史建国. 态势评估的变结构区间概率动态贝叶斯网络方法[J]. 系统工程与电子技术,2013,35(9):1891-1897.

[64] AUSTIN F, CARBONE G, HINZ H, et al. Game theory for automated maneuvering during air-to-air combat[J]. Journal of Guidance Control & Dynamics,1990,13(6):1143-1147.

[65] 张媛,刘文彪,张立民. 基于主客观综合赋权的CGF态势评估建模研究[J]. 系统工程与电子技术,2013,35(1):85-90.

[66] 周思羽,吴文海,曲志刚,等. 基于非参量法的空战态势评估分析[J]. 航空计算技术,2011,41(4):11-15.

[67] 罗德林,段海滨,吴顺祥,等. 基于启发式蚁群算法的协同多目标攻击空战决策研究[J]. 航空学报,2006,27(6):1166-1170.

[68] 郭辉,徐浩军,刘殿玉,等. 基于自适应混合粒子群算法的协同多目标攻击空战决策[J]. 空军工程大学学报,2010,11(2):16-20.

[69] KHATIB O. Real-time obstacle avoidance for manipulators and mobile robots[J]. The International Journal of Robotics Research,1986,5(1):90-98.

[70] 魏贤智,庞春雨,孙亮,等. 战斗机人工势场在主从编队引导控制中的应用[J]. 电光与控制,2010,17(3):51-56.

[71] 肖冰松,方洋旺,胡诗国,等. 一种新的超视距空战威胁评估方法[J]. 系统工程与电子技术,2009,31(9):2163-2166.

[72] MOSCATO P. On evolution, search, optimization, genetic algorithms and martial arts: towards memetic algorithms [R]. Pasadena: California Institute of Technology,1989.

[73] ELLABAAN M. Discovering unique, low-energy transition states using evolutionary molecular memetic computing[J]. IEEE Computational Intelligence Magazine,2013,8(3):54-63.

[74] CALIAN D. Integrating memetic search into the BioHEL evolutionary learning system for large-scale datasets[J]. Memetic Computing,2013,5(2):95-130.

[75] 刘俊梅,高岳林. 非线性混合整数规划问题的改进差分进化算法[J]. 工程数学学报,2010,27(6):967-974.

[76] 吴亮红,王耀南,袁小芳,等. 基于快速自适应差分进化算法的电力系统经

济负荷分配[J]. 控制与决策,2013,28(4):557-562.

[77] 王一川,单甘霖,童俊. 基于协同 memetic PSO 算法的传感器-目标分配问题求解[J]. 系统工程与电子技术,2013,35(5):1000-1006.

[78] 王晓光,章卫国,李广文,等. 基于改进两步裁空法的无人机超视距空域仿真[J]. 飞行力学,2014,32(4):315-319.

[79] 薛羽,庄毅,张友益,等. 基于启发式自适应离散差分进化算法的多UCAV协同干扰空战决策[J]. 航空学报,2013,34(2):342-351.

[80] 张涛,于雷,周中良,等. 中距空战下战斗机使用诱饵弹协同攻击策略[J]. 空军工程大学学报:自然科学版,2013,14(3):1-5.

[81] 郭晓辉,宋笔锋. 红外干扰下飞机击中概率计算[J]. 电光与控制,2005,12(6):5-7,15.

[82] KISH B, JACQUES D, PACHTER M. Optimal control of sensor threshold for autonomous wide-area-search munitions[J]. Journal of Guidance, Control, and Dynamics,2007,30(5):1239-1248.

[83] JACQUES D, BODE J, PACHTER M. Optimization of an autonomous weapon system's operating characteristic [J]. IEEE Systems Journal, 2009,3(4):489-498.

[84] ROSARIO R. Optimal sensor threshold control and the weapon operating characteristic for autonomous search and attack munitions[D]. Ohio:Air Force Institute of Technology,2005.

[85] WASHBURN A, KRESS M. Combat modeling[M]. New York:Springer Science,2009:94-95.

[86] 王斯福,刘永才,关世义,等. 伴飞诱饵支援条件下无人飞行器协同作战效能研究[J]. 宇航学报,2007,28(2):498-502.

[87] 汪浩,曾家有,罗木生. 伴飞诱饵支援对反舰导弹突防舰空导弹的影响[J]. 火力与指挥控制,2011,36(5):68-71.

[88] 牛德智,陈长兴,班斐,等. 基于效能评估的航空作战进程预测[J]. 航空学报,2014,33(5):1416-1423.

[89] DORIGO M, MANIEZZO V, COLORNI A,et al. Positive feedback as a search strategy, TR91-16[R]. Milano:Politecnico di Milano,1991.

[90] KENNEDY J, EBERHART R. Particle swarm optimization[C]//Proc of IEEE International Conference on Neural Networks,1995:1942-1948.

[91] KARABOGA D. An idea based on honey bee swarm for numerical optimization, TR06[R]. Kayseri:Erciyes University,2005.

[92] KARABOGA D, AKAY B. A survey:algorithms simulating bee swarm

intelligence[J]. Artificial Intelligence Review,2009,31(1/2/3/4):61-85.

[93] BITAM S,BATOUCHE M,TALBI E. A survey on bee colony algorithms [C]//Parallel and Distributed Processing, Workshops and Phd Forum, 2010 IEEE International Symposium,IEEE Service Center,2010:1-8.

[94] 杨进,马良. 解决复杂优化问题的一个有效工具—蜂群优化算法[J]. 计算机应用研究,2010,27(12):4410-4413.

[95] XUE H,LI X,MA H X. Random fuzzy chance-constrained programming based on adaptive chaos quantum honey bee algorithm and robustness analysis[J]. International Journal of Automation and Computing,2010,7(1):115-122.

[96] MAGDALENE M,YANNIS M,CONSTANTIN Z. Honey bees mating optimization algorithm for financial classification problems[J]. Applied Soft Computing,2010,10(3):806-812.

[97] DERELI T,DAS G S. A hybrid "bee(s) algorithm" for solving container loading problems[J]. Applied Soft Computing,2011,11(2):2854-2862.

[98] HORNG M H,JIANG T W. Image vector quantization algorithm via honey bee mating optimization[J]. Expert Systems with Applications,2011,38(3):1382-1392.

[99] ABBASS H A. Marriage in honey bees optimization (MBO) — a haplometrosis polygynous swarming approach [C]//Congress on Evolutionary Computation, IEEE Service Center,2001:207-214.

[100] AMIRI B,FATHIAN M. Integration of self organizing feature maps and honey bee mating optimization algorithm for market segmentation[J]. Journal of Theoretical and Applied Information Technology,2007,3(3):70-86.

[101] FATHIAN M, AMIRI B. A honeybee-mating approach for cluster analysis [J]. International Journal of Advanced Manufacturing Technology,2008,38(7/8):809-821.

[102] CHANG H S. Converging marriage in honey-bees optimization and application to stochastic dynamic programming[J]. Journal of Global Optimization,2006,35(3):423-441.

[103] CURKOVIC P,JERBIC B. Honey-bees optimization algorithm applied to path planning problem [J]. International Journal of Simulation Modelling,2007,6(3):154-165.

[104] HADDAD O B, AFSHAR A, MARINOMA. Optimization of non-

convex water resource problems by honey-bee mating optimization (HBMO) algorithm[J]. Engineering Computations, 2009, 26(3):267-280.

[105] MOHAN S, BABU K S J. Optimal water distribution network design with honey-bee mating optimization[J]. Journal of Computing in Civil Engineering, 2010, 24(1):117-126.

[106] NIKNAM T. A new HBMO algorithm for multi-objective daily volt/var control in distribution systems considering distributed generators[J]. Applied Energy, 2011, 88(3):778-788.

[107] NIKNAM T. An efficient multi-objective HBMO algorithm for distribution feeder reconfiguration [J]. Expert Systems with Applications, 2011, 38(3):2878-2887.

[108] YANG C G, CHEN J. Study of direction probability and algorithm of improved marriage in honey bees optimization for weapon network system[J]. Journal of China Ordnance, 2009, 5(2):152-157.

[109] MARINAKIS Y, MARINAKI M, DOUNIAS G. Honey bees mating optimization algorithm for large scale vehicle routing problems[J]. Natural Computing, 2010, 9(1):5-27.

[110] HORNG M H. A multilevel image thresholding using the honey bee mating optimization[J]. Applied Mathematics and Computation, 2010, 215(9):3302-3310.

[111] HORNG M H. Multilevel minimum cross entropy threshold selection based on the honey bee mating optimization[J]. Expert Systems with Applications, 2010, 37(6):4580-4592.

[112] 孟伟,韩学东,洪炳镕. 蜜蜂进化型遗传算法[J]. 电子学报, 2006, 34(7):1294-1300.

[113] VAKIL-BAGHMISHEH M T, SALIM M. The design of PID controllers for a Gryphon robot using four evolutionary algorithms: a comparative study[J]. Artificial Intelligence Review, 2010, 34(2):121-132.

[114] HOLLAND J H. Adaptation in natural and artificial systems[M]. Michigan: University of Michigan Press, 1975.

[115] SONMEZ M. Artificial bee colony algorithm for optimization of truss structures[J]. Applied Soft Computing, 2011, 11(2):2406-2418.

[116] KARABOGA D, OZTURK C. Neural networks training by artificial bee colony algorithm on pattern classification [J]. Neural Network World,

2009,19(3):279-292.

[117] KARABOGA D,OZTURK C. A novel clustering approach:artificial bee colony (ABC) algorithm[J]. Applied Soft Computing,2011,11(1):652-657.

[118] KARABOGA D,AKAY B. A modified artificial bee colony (ABC) algorithm for constrained optimization problems [J]. Applied Soft Computing,2011,11(3):3021-3031.

[119] 胡中华,赵敏,撒鹏飞. 基于人工蜂群算法的JSP的仿真与研究[J]. 机械科学与技术,2009,28(7):851-856.

[120] 胡中华,赵敏. 基于人工蜂群算法的TSP仿真[J]. 北京理工大学学报,2009,29(11):978-982.

[121] 樊小毛,马良. 0-1背包问题的蜂群优化算法[J]. 数学的实践与认识,2010,40(6):155-160.

[122] SUNDAR S,SINGH A. A swarm intelligence approach to the quadratic minimum spanning tree problem[J]. Information Sciences,2010,180(17):3182-3191.

[123] BERNARDINO A M,BERNARDINO E M,SANCHEZ-PEREZ J M,et al. Efficient load balancing for a resilient packet ring using artificial bee colony[J]. Evolutionary Applications,2010,6025(2):61-70.

[124] HSIEH T J,HSIAO H F,YEH W C. Forecasting stock markets using wavelet transforms and recurrent neural networks:an integrated system based on artificial bee colony algorithm[J]. Applied Soft Computing,2011,11(2):2510-2525.

[125] KARABOGA N. A new design method based on artificial bee colony algorithm for digital IIR filters[J]. Journal of the Franklin Institute Engineering and Applied Mathematics,2009,346(4):328-348.

[126] KANG F,LI J J,XU Q. Structural inverse analysis by hybrid simplex artificial bee colony algorithms[J]. Computers and Structures,2009,87(13/14):861-870.

[127] HO S L,YANG S Y. An artificial bee colony algorithm for inverse problems[J]. International Journal of Applied Electro magnetics and Mechanics,2009,31(3):181-192.

[128] HETMANIOK E,SLOTA D,ZIELONKA A. Solution of the inverse heat conduction problem by using the ABC algorithm[C]//Proc of the 7th International Conference on Rough Sets and Current Trends in

Computing. Berlin:Springer – Verlag,2010:659 – 668.

[129] RAO R V,PAWAR P J. Parameter optimization of a multi – pass milling process using non – traditional optimization algorithms[J]. Applied Soft Computing,2010,10(2):445 – 456.

[130] 肖永豪,余卫宇. 基于蜂群算法的图像边缘检测[J]. 计算机应用研究, 2010,27(7):2748 – 2750.

[131] BANHARNSAKUN A, ACHALAKUL T,SIRINAOVAKUL B. The best – so – far selection in artificial bee colony algorithm[J]. Applied Soft Computing,2011,11(2):2888 – 2901.

[132] XU C F,DUAN H B,LIU F. Chaotic artificial bee colony approach to uninhabited combat air vehicle (UCAV) path planning[J]. Aerospace Science and Technology,2010,14(8):535 – 541.

[133] PULIKANTI S,SINGH A. An artificial bee colony algorithm for the quadratic knapsack problem [C]//Proc of the 16th International Conference on Neural Information Processing. Berlin:Springer – Verlag, 2009:196 – 205.

[134] REBREYEND P,CLUGERY C,HILY E. A heuristic – based bee colony algorithm for the multiprocessor scheduling problem [C]//Proc of International Workshop on Nature Inspired Cooperative Strategies for Optimization. Berlin:Springer – Verlag,2010:295 – 304.

[135] OMKAR S N, SENTHILNATH J,KHANDELWAl R,et al. Artificial bee colony(ABC) for multi – objective design optimization of composite structures[J]. Applied Soft Computing,2011,11(1):489 – 499.

[136] JEYA M D,MOHAN V,KAMALAPRIYA M. Automated software test optimization framework:an artificial bee colony optimization – based approach[J]. Software,2010,4(5):334 – 348.

[137] YANG X S. Engineering optimizations via nature – inspired virtual bee algorithms [C]//Artificial Intelligence and Knowledge Engineering Applications:A Bioinspired Approach. Berlin:Springer – Verlag,2005: 317 – 323.

[138] HUANG Y M,LIN J C. A new bee colony optimization algorithm with idle – time – based filtering scheme for open shop – scheduling problems [J]. Expert Systems with Applications,2011,38(5):5438 – 5447.

[139] AKBARI R, MOHAMMADI A, ZIARATI K. A novel bee swarm optimization algorithm for numerical function optimization [J].

Communications in Nonlinear Science and Numerical Simulation, 2010, 15 (10):3142-3155.

[140] VERA D, CARABIAS J, JURADO F, et al. A honey bee foraging approach for optimal location of a biomass power plant[J]. Applied Energy, 2010, 87(7):2119-2127.

[141] NEVAI A L, PASSINO K M, SRINIVASAN P. Stability of choice in the honey bee nest-site selection process[J]. Journal of Theoretical Biology, 2010, 263(1):93-107.

[142] AYALA H, DOS S, FERNANDO M, et al. Image thresholding segmentation based on a novel beta differential evolution approach[J]. Expert Systems with Applications, 2015, 42(4):2136-2142.

[143] 张旺. 基于差分进化算法的反射面天线赋形技术研究[D]. 西安:西安电子科技大学, 2014.

[144] FOMIN V N, RUZHANSKY M V. Abstract optimal linear filtering[J]. SIAM Journal on Control and Optimization, 2000, 38(5):1334-1352.

[145] CAO W, YANG D. Adaptive optimal control approximation for solving a fourth-order elliptic variational inequality [J]. Computers and Mathematics with Applications, 2014, 66(12):2517-2531.

[146] QUN Z, LING T. An intelligent optimal dispatching approach for elevator group control system[J]. Elevator World, 2004, 52(6):50-52.

[147] SCHIELA A. An interior point method in function space for the efficient solution of state constrained optimal control problems[J]. Mathematical Programming, 2013, 138(2):83-114.

[148] HERZOG R, MEYER C, WACHSMUTH G. B-and strong stationarity for optimal control of static plasticity with hardening[J]. SIAM Journal on Optimization, 2013, 23(1):321-352.

[149] HAURIE A, LEIZAROWITZ A, VAN DELFT C. Boundedly optimal control of piecewise deterministic systems[J]. European Journal of Operational Research, 1994, 73(2):237-251.

[150] WU B L, WANG D W, POH E K. Energy-optimal low-thrust satellite formation manoeuvre in presence of J2 perturbation[J]. Journal of Aerospace Engineering, 2011, 225(9):961-968.

[151] WANG J, ZHOU Y, WEI W. Fractional Schrodinger equations with potential and optimal controls[J]. Nonlinear Analysis:Real World Applications, 2012, 13(6):2755-2766.

[152] SEYWALD H. Identification of the optimal switching structure for range-optimal atmospheric flight trajectories[J]. Optimal Control Applications and Methods,1997,18(3):159-177.

[153] BUBNER N, SOKOLOWSKI J, SPREKELS J. Optimal boundary control problems for shape memory alloys under state constraints for stress and temperature [J]. Numerical Functional Analysis and Optimization,1998,19(5):489-498.

[154] LI J, CHEN L, SUN F. Optimal configuration of a class of endoreversible heat-engines for maximum power-output with linear phenomenological heat-transfer law[J]. Applied Energy,2007,84(9):944-957.

[155] KWON H, LEE J, YANG S. Optimal control of an age-structured model of HIV infection[J]. Applied Mathematics and Computation, 2012,219(5):2766-2779.

[156] SHEN C, TIAN L, GAO A. Optimal control of the viscous Dullin-Gottwalld-Holm equation [J]. Nonlinear Analysis: Real World Applications,2010,11(1):480-491.

[157] LUAN S, GAO H, LI X. Optimal control problem for an elliptic equation which has exactly two solutions[J]. Optimal Control Applications and Methods,2011,32(6):734-747.

[158] ZHAO X, LIU C. Optimal control problem for viscous Cahn-Hilliard equation[J]. Nonlinear Analysis, Theory, Methods and Applications, 2011,74(17):6348-6357.

[159] SANAYE S, MAHMOUDIMEHR J. Optimal design of a natural gas transmission network layout[J]. Chemical Engineering Research and Design,2013,91(12):2465-2476.

[160] ATASHGAH A B, SEIFI A. Optimal design of multi-response experiments using semi-definite programming[J]. Optimization and Engineering,2009,10(1):75-90.

[161] JAUBERTHIE C, BOURNONVILLE F, COTON P, et al. Optimal input design for aircraft parameter estimation[J]. Aerospace Science and Technology,2006,10(4):331-337.

[162] JI Y, CHIZECK H J. Optimal quadratic control of jump linear systems with separately controlled transition probabilities [J]. International Journal of Control,1989,49(2):481-491.

[163] CHAN W L, ZHU G B. Overtaking optimal control problem of age-dependent populations with infinite horizon[J]. Journal of Mathematical Analysis and Applications, 1990, 150(1):41-53.

[164] GEERING H P, GUZZELLA L, HEPNER S A R, et al. Time-optimal motions of robots in assembly tasks[J]. IEEE Transactions on Automatic Control, 1986, AC-31(6):512-518.

[165] STYCZEN K, NITKA-STYCZEN K. Trigonometric approximation of optimal periodic control problems for systems with inertial controllers [J]. IEEE Transactions on Automatic Control, 1989, 34(10):1102-1105.

[166] 李国勇. 最优控制理论与应用[M]. 北京:国防工业出版社,2008.

[167] 胡寿松. 最优控制理论与系统[M]. 北京:科学出版社,2005.

[168] 赵吉松,谷良贤,潘雷. 月球最优软着陆两点边值问题的数值解法[J]. 中国空间科学技术,2009(4):21-27.

[169] 刘同仁. 用参数最优化方法计算最优飞行轨迹[J]. 航空学报,1994,15(11):1298-1305.

[170] 尚海滨,崔平远,栾恩杰. 星际小推力转移轨道快速设计方法[J]. 航空学报,2007,28(6):1281-1286.

[171] 雍恩米. 高超声速滑翔式再入飞行器轨迹优化与制导方法研究[D]. 长沙:国防科技大学,2008.

[172] BETTS J T. Survey of numerical methods for trajectory optimization [J]. Journal of Guidance, Control, and Dynamics, 1998, 21(2):193-207.

[173] 李俊峰,蒋方华. 连续小推力航天器的深空探测轨道优化方法综述[J]. 力学与实践,2011,33(3):1-6.

[174] HULL D G. Conversion of optimal control problems into parameter optimization problems[J]. Journal of Guidance, Control, and Dynamics, 1997, 20(1):57-60.

[175] CONWAY B. Spacecraft trajectory optimization [M]. New York: Cambridge University Press, 2010.

[176] HARGRAVES C, PARIS S. Direct trajectory optimization using nonlinear programming and collocation [J]. Journal of Guidance, Control, and Dynamics. 1987, 4:338-342.

[177] ENRIGHT P J, CONWAY B A. Discrete approximations to optimal trajectories using direct transcription and nonlinear programming[J].

Journal of Guidance,Control,and Dynamics,1992,15(4):994 - 1002.

[178] BETTS J T,SVEN O E. Optimal low thrust trajectories to the Moon[J]. SIAM Journal Applied Dynamical Systems,2003,2(2):144 - 170.

[179] BETTS J T. Optimal interplanetary orbit transfers by direct transcription[J]. Journal of the Astronautical Sciences,1994,42:247 - 268.

[180] BETTS J T. Using sparse nonlinear programming to compute low thrust orbit transfers[J]. Journal of the Astronautical Sciences,1993,41:349 - 371.

[181] BETTS J T. Very low - thrust trajectory optimization using a direct SQP method[J]. Journal of Computational and Applied Mathematics,2000,120(1/2):27 - 40.

[182] HERMAN A L,CONWAY B A. Optimal,low - thrust,Earth - Moon orbit transfer[J]. Journal of Guidance Control And Dynamics,1998,21(1):141 - 147.

[183] HERMAN A L,CONWAY B. Direct optimization using collocation based on high - order Gauss - Lobatto quadrature rules[J]. Journal of Guidance,Control,and Dynamics,1996,19(3):592 - 599.

[184] COVERSTONE C,VICTORIA W,STEVEN N. Optimal low thrust trajectories using differential inclusion concepts[J]. Journal of the Astronautical Science,1994,42(4):379 - 393.

[185] HULL, D G, SPEYER J L. Optimal reentry and plane - change trajectories[J]. Journal of the Astronautical Sciences, 1982(2): 117 - 130.

[186] 尚海滨,崔平远,栾恩杰. 地球-火星的燃料最省小推力转移轨道的设计与优化[J]. 宇航学报,2006,27(6):1168 - 1173.

[187] LEINEWEBER D, BAUER I, BOCK H, et al. An efficient multiple shooting based reduced SQP strategy for large - scale dynamic process optimization, Part I: theoretical aspects[J]. Computers and Chemical Engineering, 2003(27):157 - 166.

[188] GRIMM W, MARKL A. Adjoint estimation from a direct multiple shooting method[J]. Journal of Optimization Theory and Applications,1997,92(2),263 - 283.

[189] 屈香菊. 直接多重打靶法在轨迹优化方面的应用[J]. 飞行力学,1992,10(1):13 - 21.

[190] 王华,唐国金,雷勇军. 有限推力轨迹优化问题的直接打靶法研究[J]. 中国空间科学技术,2004,23(5):51-56.

[191] 郭铁丁. 深空探测小推力轨迹优化的间接法与伪谱法研究[D]. 北京:清华大学,2012.

[192] FAHROO F,ROSS I M. On discrete-time optimality conditions for pseudospectral methods [A]//AIAA/AAS Astrodynamics Specialist Conference and Exhibit[C]. Keystone,CO,2006:1-17.

[193] 姚寅伟,李华滨. 基于 Gauss 伪谱法的高超声速飞行器多约束三维再入轨迹优化[J]. 航天控制,2012,30(2):33-38,45.

[194] BENSON D. Gauss pseudospectral transcription for optimal control[D]. Cambridge:Massachusetts Institute of Technology,2005.

[195] 张莉,张安. 不确定环境下编队对地攻防对抗决策方法研究[J]. 系统工程与电子技术,2009(2):411-415.

[196] 杨啸天,刘小军,冯金富,等. 不确定环境下空地多目标攻击优先权决策[J]. 南京理工大学学报:2012,36(4):567-572.

[197] 钟麟,倪世宏,钟卫. 不确定环境下战斗机采购效能评估模型[J]. 系统工程理论与实践,2013,33(1):194-198.

[198] 张多林,宋志华. 网络中心战中的战场感知能力量化模型研究[J]. 指挥控制与仿真,2009,31(1):1-4.

[199] 邓鹏华,毕义明,刘继方. 一种不确定作战决策效能评估模型及仿真[J]. 系统仿真学报,2009(23):7381-7385.

[200] 王锐,张安,史兆伟. 基于幂指数法和 AHP 的先进战斗机效能评估[J]. 火力与指挥控制,2009,33(11):73-76.

[201] 徐浩军,郭辉,刘凌,等. 空中力量体系对抗数学建模与效能评估[M]. 北京:国防工业出版社,2010:3.

[202] 董彦非,胡涛. 战斗机综合作战效能评估建模方法[J]. 火力与指挥控制,2012,37(2):9-11.

[203] 宋笔锋,刘晓东,李寿安. 作战飞机方案和关键技术的决策理论与方法[M]. 北京:国防工业出版社,2010.

[204] 李军鹏. 小型自主飞行无人机技术研究[D]. 西安:西北工业大学,2006.

[205] 魏瑞轩,李学仁. 无人机系统及作战使用[M]. 北京:国防工业出版社,2009.

[206] 张毅,王和平,党荣军. 高空长航时无人机系统的总体方案评价准则研究[J]. 计算机仿真,2006,23(5):27-29.

[207] 张毅. 高空长航时无人机总体方案评价准则方法研究[D]. 西安:西北工

业大学,2006.

[208] 徐浩军,魏贤智,华玉光,等. 作战航空综合体及其效能[M]. 北京:国防工业出版社,2006.

[209] 王和平. 飞机总体参数与作战效能的关系研究[J]. 航空学报,1994,15(9):28-31.

[210] 陆凯,李为吉. 无人战斗机全寿命周期费用分析[J]. 西北工业大学学报,2002,20(4):663-667.

[211] 陆凯. 无人战斗机系统及其全寿命周期费用研究[D]. 西安:西北工业大学,2002.

[212] 张志坚. 战斗机效费比计算方法研究[D]. 西安:西北工业大学,2003.

[213] 覃晖,周建中,王光谦,等. 基于多目标差分进化算法的水库多目标防洪调度研究[J]. 水力学报,2009,40(5):513-519.

[214] 毕晓君,肖婧. 基于自适应差分进化的多目标进化算法[J]. 计算机集成制造系统,2011,17(12):2660-2665.

[215] 刘潇. 多目标差分进化混合算法研究及其在磨矿分级中的应用[D]. 长沙:中南大学,2011.

[216] VENSKE S M, GONCALVES R A, DELGADO M R. ADEMO/D: Multiobjective optimization by an adaptive differential evolution algorithm[J]. Neurocomputing,2014(127):65-77.

[217] KAMIYAMA D, TAMURA K, YASUDA K. Local descent direction vector-based differential evolution for multiobjective optimization[J]. Electronics and Communications in Japan,2014,97(5):36-42.

[218] COELHO L D S, MARIANI V C, FERREIRA M V, et al. Novel gamma differential evolution approach for multiobjective transformer design optimization[J]. IEEE Transactions on Magnetics,2013,49(5):2121-2124.

[219] CHENG M, TRAN D. Two-phase differential evolution for the multiobjective optimization of time-cost tradeoffs in resource-constrained construction projects[J]. IEEE Transactions on Engineering Management,2014,61(3):450-461.

[220] RAKSHIT P, KONAR A, DAS S, et al. Uncertainty management in differential evolution induced multiobjective optimization in presence of measurement noise[J]. IEEE Transactions on Systems, Man, and Cybernetics:Systems,2014,44(7):922-937.

[221] MO Y, XING L, AMARI S V. A multiple-valued decision diagram

based method for efficient reliability analysis of non-repairable phased-mission systems[J]. IEEE Transactions on Reliability,2014,63(1):320-330.

[222] LEVITIN G,AMARI S V,XING L. Algorithm for reliability evaluation of nonrepairable phased-mission systems consisting of gradually deteriorating multistate elements[J]. IEEE Transactions on Systems, Man,and Cybernetics:Systems,2013,43(1):63-73.

[223] DE LEON-ALDACO S E,CALLEJA H,CHAN F,et al. Effect of the mission profile on the reliability of a power converter aimed at photovoltaic applications-a case study[J]. IEEE Transactions on Power Electronics,2013,28(6):2998-3007.

[224] KIM K O,ZUO M J. Effects of subsystem mission time on reliability allocation[J]. IIE Transactions,2015,47(3):285-293.

[225] KIM K, LEE J, LEE J. Energy efficient and reliable ARQ scheme (E2R-ACK) for mission critical M2M/IoT services[J]. Wireless Personal Communications,2014,78(4):1917-1933.

[226] WU X Y,WU X Y. Extended object-oriented Petri net model for mission reliability simulation of repairable PMS with common cause failures[J]. Reliability Engineering and System Safety,2015(136):109-119.

[227] LEVITIN G,XING L,DAI Y. Mission cost and reliability of 1-out-of-N warm standby systems with imperfect switching mechanisms[J]. IEEE Transactions on Systems,Man,and Cybernetics:Systems,2014,44(9):1262-1271.

[228] MUSALLAM M, YIN C, BAILEY C, et al. Mission profile-based reliability design and real-time life consumption estimation in power electronics[J]. IEEE Transactions on Power Electronics,2014,30(5):2601-2613.

[229] COORAY D, KOUROSHFAR E, MALEK S, et al. Proactive self-adaptation for improving the reliability of mission-critical, embedded, and mobile software[J]. IEEE Transactions on Software Engineering, 2013,39(12):1714-1735.

[230] DE LEON-ALDACO S E,CALLEJA H, AGUAYO A J. Reliability and mission profiles of photovoltaic systems: a FIDES approach[J]. IEEE Transactions on Power Electronics,2014,30(5):2578-2586.

[231]　LEVITIN G,XING L,AMARI S V,et al. Reliability of nonrepairable phased–mission systems with common cause failures[J]. IEEE Transactions on Systems,Man,and Cybernetics Part A:Systems and Humans,2013,43(4):967–978.

[232]　潘继斌. 基于ARM的MAV自主飞行控制系统研制[D]. 南京:南京航空航天大学,2007.

[233]　陈海. 无人机自主控制综述及自主着陆控制系统设计[D]. 西安:西北工业大学,2007.

[234]　陈宗基,魏金钟,王英勋,等. 无人机自主控制等级及其系统结构研究[J]. 航空学报,2011,32(6):1075–1083.

[235]　姚一平,李沛琼. 可靠性及余度技术[M]. 北京:航空工业出版社,1991.

[236]　程明华,姚一平. 动态故障树分析方法在软、硬件容错计算机系统中的应用[J]. 航空学报,2000,21(1):34–37.

[237]　胡方,黄建国,张群飞. 基于灰色系统理论的水下航行器效能评估方法研究[J]. 西北工业大学学报,2007,25(3):411–415.